WAC BUNKO

言霊《ことだま》の日本史

井沢

WAC

はじめに

「悪質な言葉の凶器」、これ誰のことだと思いますか？　私、井沢元彦のことです。もう30年以上前に、朝日新聞が私に貼ったレッテルです。

経緯を説明しましょう。もともと私はＴＢＳ記者から小説家に転じ、しばらく推理小説を書いていたのですが、日本の報道があまりにも歪《ゆが》んでいることを痛感し、マスコミ評論を始めました。

日本で最大の偏向報道といえばもうおわかりだと思いますが、朝日新聞でした。ですから私は当時小学館で発行されていた「ＳＡＰＩＯ《サピオ》」という雑誌で繰り返し朝日新聞の報道批判をしていました。

別に難しいことではありません。「共産主義国家」を不当に持ち上げる報道や、逆に自衛隊を不当に非難する報道を批判していたところ、ある時、抗議が来ました。朝日新聞社を代表する形で山本博昭読者広報室長および中川謙外交部長（当時）の連名による抗議です。

要するに、**井沢の評論は的外《まとはず》れで事実に反するから抗議する、**という内容です。この内容についてはここでは特に触れません。なぜなら、この抗議は私ではなく、小学館および「SAPIO」編集部宛てに来たからです。早い話が、こんな奴になぜ書かせるんだ、やめさせろということです。

これ、言論弾圧ですよね？　私が書いたものが正確であったか不正確であったか（私は当然正確だったと思っていますが）、それはこの際、問題ではありません。

問題はその抗議の方法です。私が書いた文章ですから、文句があるなら私宛に抗議するのが当然でしょう。ところが朝日新聞社は、こともあろうに原稿を掲載した出版元に圧力をかけるということを、堂々とやってきたんです。おわかりでしょうか。これは朝日新聞社の傲慢《ごうまん》というものです。

また、この2人の幹部社員は会社の「イヌ」と呼んでいいでしょう。なぜならば逆の立場に立てばわかることで、私がどこかの出版社か新聞社の社員だとして、「あの○○という男は、わが社に対してとんでもない悪口を書いている。ただちに抗議せよ」という命令が上から来たら、もちろん従います。

しかし、「当人ではなく、出版社ないし編集部に対する抗議にしろ」と言われたら、断固拒否します。**「それは言論弾圧ではありませんか、そんなことはジャーナリストとして言論人として、すべきではありません」**と言うでしょう。

おわかりですか、この2人はそういう抵抗もすることなく、上司の命令に唯々諾々《いいだくだく》と従った。まさに「会社のイヌ」ではありませんか。嘆かわしいことですが、そういう人間のほうが朝日新聞社で出世するということです。風の噂によれば、この2人はその後も順調に出世し、ジャーナリストとして著作を書いたり、後進の指導をしているそうです。どんな面《つら》でそんなことをやっているのか、本当に自分のやったことが正しいと思っているのか、いちど聞いてみたいところですが、そんなことを言っても無理でしょうね。

私はこの点に関して、朝日の現役記者やOBから一度も謝罪されたことはありません。もちろん訂正もありませんから、未だに私は朝日新聞社にとっては「悪質な言葉の凶器」なのです。

もしこの先、私が死ねば朝日新聞の訃報には「悪質な言葉の凶器、死す」と書かれるのでしょうね。いや、そもそも訃報で取り上げてくれるかどうか怪しいものです。本当ですよ。私を虫けらのように捻《ひね》り潰そうとした朝日新聞ですが、その後私は順調に出世し（笑）代表作の『逆説の日本史』（小学館刊）は2024年末現在で累計590万部売れていますが、朝日新聞の書評で取り上げられたことは一度もありません。早いとこ私の存在を抹殺したいのでしょう。

若い人には想像もつかないことでしょうか。戦後昭和20年以降朝日新聞は「日本の良心」と言われました。最高で８００万部ぐらいの部数を誇っていたはずです。その後、部数では読売新聞に抜かれましたが、その後も「良心的新聞」といえば「朝日」というのが定評でした。ではその「良心」というのはどういうことかといえば、**「ソビエト連邦や北朝鮮は労働者の天国」「中国の文化大革命は人類の快挙」「北朝鮮はミサイルなど作っていない」という、事実とはまったく異なった報道姿勢です。**

なぜだか、お分かりですか？　言霊信仰です。言霊は言葉の霊力によって現実をコントロールできます。そういう信仰です。そのためには常に「世界は平和です」とか「北朝鮮は平和な楽園です」と言い続けなければならない。逆に言えば、日本人は現実を見たくない。北朝鮮が本当は日本を憎悪しており、日本人をしばしば拉致《らち》しているばかりか、いつでも日本を滅ぼせるミサイルを作ろうとしてるなんていうことは絶対信じたくない。

でも、現実はそうなんだから、たとえば読売とか産経新聞はちゃんと書くわけです。ところが朝日だけは書かない。おわかりですね。現実を見ずに「こうあってほしい」という言霊信者にとっては、朝日ほど素晴らしい新聞は無いわけです。ですから、それに対して文句をつけるような人間は極悪人、まさに「悪質な言葉の凶器」であって、それを潰すためならどんな手段をとってもかまわない、ということです。

では、なぜ日本人は言霊の信者なのか、その信仰が日本にどういう影響を与えているのかというのがこの本の内容です。初めて書いたのはもう40年位前のことで、私が小説家からノンフィクションに転じた記念すべき第1作が、この本の原著『言霊』（祥伝社刊）でした。それをベースに、新しい知見を加え、さらに整理して作ったのがこの本です。

私にとって大変残念なことは、まだまだ朝日新聞を信じる人たちがいるということですね。まだ300万部も売れているということですが、日本人は一刻も早くこの迷妄から目が覚めてもらいたいと思います。それが、日本という国が独立自尊の真の平和国家になり、世界に貢献するための最善の道です。

井沢元彦

言霊《ことだま》の日本史

◎目次

第二章　日本史の中の言霊

第三章　戦争と言霊

―恐ろしい「言霊の反作用」―　101

装幀/須川貴弘(WAC装幀室)、編集協力/水無瀬 尚

第一章

言霊《ことだま》と言論の自由

―今も消えていない「敵性語追放」―

言霊とは、言挙げとは

言霊《ことだま》とは何か、一言で言ってしまえば、それは「言葉と実体（現象）がシンクロする」「ある言葉を唱《とな》えることによって、その言葉の内容が実現する」という考え方のことです。

もっと簡単に言えば、**「雨が降る」と言葉を口にすれば、実際に「雨が降る」という考え方のことと言えましょう。**

もちろん、実際にはそんなことはありえません。なぜ雨が降るのか、それは気圧の変化による純然たる自然現象であることを、私たちは近代の科学によってすでに知っています。しかし古代の人々は、無論そんなことは知りません。言葉に一種の霊的威力（霊力）を認め、それを口にすることによって、その霊力を発動させ、その作用によって雨を降らすことができると考えたのです。

ここで肝心なことは、言葉に秘められた言霊の力を発揮させるには、その言葉を口にする、すなわち実際に声に出して発音しなければならないことです。頭の中にしまっておいてはいけないのです。そこで、言霊を生かすためにはそれを口に出すという行為が必要になります。

このことを言挙《ことあ》げといいます。言挙げとは具体的に言えば、「雨が降ってほしい」という願いを実現させるために、「雨よ降れ」という言葉を口にする（発音する）ということです。これは必ずしも命令形でなくてもいいのです。「雨が降る」と口にしただけでも、その結果、言霊の力が発動されて、実際に「雨が降る」。それが言霊の世界なのです。

何とも奇妙な世界だ、と現代人は考えるかもしれません。しかし、古代においては、これが普通のことでした。むしろ日本人の最も素朴な形の宗教として、この言霊「教」があったと言えるのです。

言霊という言葉が記録に載《の》っている最古の文献は『万葉集《まんようしゅう》』です。あの大歌人・柿本人《かきのもとのひと》麻呂《まろ》が言霊をテーマにしているので紹介しましょう。

葦原《あしはら》の　瑞穂《みずほ》の国は　神ながら　言挙《ことあげ》せぬ国　然《しか》れども　言挙ぞあがする　事幸《ことさき》く
真幸《まさき》く坐《ま》せと　恙《つつが》なく　幸《さき》く坐《いま》せば　荒磯波《ありそなみ》　ありても見むと　百重波《ももへなみ》　千重波《ちへなみ》しき
に　言挙すわれ　言挙すわれ

（反歌）

磯城島《しきしま》の大和の国は　言霊の助くる国ぞ　真幸《まさき》くありこそ（巻十三）

（大意）

わが日本の国は神の国、その神の意を受けて「言挙げ」せぬ国である。しかし私はあえて「言挙げ」する、お幸せでいらっしゃいと。もしも、ご無事で幸せに過ごされるならば、またお会いしたいものだと。百の波、千の波が寄せては返すように、私は幾度も「言挙げ」をします、「言挙げ」をします。

（反歌）

わが日本の国は言霊が人を助ける国です。どうかみなさんお幸せに。

「言挙げ」というのは、言霊の作用を発揮させるために、言葉を口にすること。もっとも幸せを祈るだけではなく、不幸を呼び寄せるための言挙げもありえます。それには「××よ死ね」という呪いの言葉を口にして、**悪い言霊を発動させればいい**、ということになります。

『万葉集』には天皇の歌と並んで防人《さきもり》の歌も入っています。防人はいわば当時の国境警備隊。どんな時代でもそうですが、国境の最前線に派遣されるのは、貧しくて身分の低い人たちです。そんな人たちの歌が雲の上の天皇と同じ土俵で歌を詠んでいる、こんなユニークな歌集は他国にはありません。

この「伝統」は今日まで受け継がれています。「歌会始」という宮中行事では、毎年秋にお題が出て、日本中の短歌の詠める人が応募でき、当選すると宮中に招かれて、天皇、皇后、皇太子が歌を詠まれた後に、彼らと同じ庭で歌を詠むことが許されるのです。

これが日本の伝統たる由縁であるのは、「言葉には強い霊力がある。だから言葉は慈《いつく》しまなければいけない」という日本独自の思想があるからです。

言霊の国・日本では、有名詩人でなくて単なる庶民であっても、その人が優れた歌を残した場合に、何とかこれを後世に伝えようとするのです。人が死んでもその人が詠んだ歌がある限り、その人の人格は残り、歌の言葉を通して言葉の呪術である言霊の命は生き続ける、ということです。

つまり、言霊がこの国にあるがゆえに『万葉集』という、世界に類《るい》のない文化遺産が生

まれたのです。

ハイジャック犯強行突破論が許されない日本

さて、このような考え方を聞いて、読者の皆さんはどう思われるでしょうか。この考え方（言霊教）を信じますか、と聞けば、百人が百人、「そんな馬鹿な」と一笑に付《ふ》すはずです。「そんなの迷信さ」「言葉を口にすれば実現するなんて、そんなことなら誰も苦労はしない」「馬鹿だね古代人は」――。

そう思うならそれでもいいのです。けれどもそういう方であっても、次の問いに答えてみてください。

たとえば、日本の航空機がハイジャックされたとしましょう。テロリストたちが乗客何百人を人質に取って、何らかの要求をしているとします。この場合、解決策はまず二つ考えられます。一つは全面屈伏であり、テロリストの要求にすべて従うこと。そしてもう一つは強行突破であり、特殊部隊を突入させ、犯人全員を射殺し人質を解放すること。もちろん、この両極端の方策の間に無数の折衷《せっちゅう》案があります。

日本では「人命は地球より重い」ということで、強行突破など論外だという空気が強いのですが、対応策というのは、本来テロリストの要求によって違ってくるべきものです。

相手の要求が金ならいいが、たとえば「イスラエルはパレスチナから出て行け」というような、常識ではとても従えないような要求だったらどうするのか。金で片《かた》はつかない。かといって、相手は要求が通らなければ人質を皆殺しにすると言っている。だとすれば、作戦は強行突破を中心に考えるしかありません。イスラエルが特殊部隊を頻繁に突入させるのは、こういう背景があってのことですね。

そして、こういう強行策を続けていれば確かに乗客側に犠牲者も出ることになりますが、犯行自体も減ってきます。テロリストにしても必ず強行突破されるなら、メリットがないから止めておこうということになるからです。

逆に、常にテロリスト側の要求を全面的に聞き入れていれば、あそこの国は必ず金を出すからまた狙ってやれ、ということにもなる。もしそういう事が続けば、その国のエアラインは、世界中のテロリストに狙われることにもなりかねません。

現に一九七七年（昭和五十二年）の日航機ダッカ空港ハイジャック事件の際、日本政府が犯人側に六〇〇万ドルを払ったうえ、日本赤軍の奥平順三《おくだいらじゅんぞう》、刑事犯で無期懲役刑にあった泉水博《せんすいひろし》らを「超法規的措置」で釈放した時も、実は強行突破論もあったのです。特に外国のマスコミには、そういう意見も堂々と載りました。

そこで先ほどの問いに戻ります。仮にあなたがハイジャック問題の専門家だとします。そしてまた同じような事件が起こり、あなたが専門家としての知識と経験をフルに生かして冷静に客観的に検討した結果、**「今回は犯人の要求に従うべきではない。人質に多少の犠牲者が出ても強行突破も止むをえない」**との結論が出たとしましょう。あなたはそれをテレビで発表できるでしょうか？

できると答えた人は、よほど信念のある立派な人か、さもなくば相当なウソツキではないでしょうか。私にはとてもそんな勇気はありません。仮に勇気を奮《ふる》って発表したら、その瞬間からテレビ局には非難・抗議の電話が殺到することになります。曰《いわ》く**「それでも人間か？」「家族の気持ちを考えろ」「なぜあんなことを言わせた」**……。

そしてたまたま政府が同じ方針で強行突破を行ない、人質に死者が出たとしましょう。すると、あなたはますます非難されることになるはずです。曰く**「おまえがあんなことを言うからこうなったんだ」「おまえの責任だ」「遺族にあやまれ」**……。

日本では、なぜ「意見」に対して責任が問われるのか

しかし、論理的に考えればこんな馬鹿な話はありません。

死者が出たことの責任は、直接的には殺害した者にあります。あらためて言うまでもないほどの当たり前の話です。仮に治安当局側の不手際《ふてぎわ》で殺されなくても済んだのに殺されてしまったという場合でも、第一の責任は手を下《くだ》した者にあります。治安当局の責任は、あくまでそれに次ぐ第二、第三のものです。

責任とは、与えられた権限に対応する概念です。だからこそ、治安当局は事件が起こった時、それに対処する義務があり、対処するための人員や装備も与えられているのです。だから、仮に治安当局が専門家の意見をそのまま採用し作戦を実行に移したとしても、その結果についての責任は、意見を採用し実行した者にあるのであって、断じて意見を出した者にあるのではないはずです。

なぜなら意見はあくまで意見であって、たくさんの提案のうちの一つにすぎません。どれをどう採用し実行するかは、権限ある者の裁量に任されているのだから当然のことです。だから、どう考えても、単に意見を出したというだけでは、責任があるはずがないのです。**責任がないのに非難されるいわれはありません。**

しかし、実際はどうか。実際にはそんな意見を発表した途端、日本では先のような非難を受けてしまいます。そして、本当に犠牲者が出れば、**「責任を取れ」「おまえの責任だ」「あんなことを言うから、こうなったんだ」**と非難されるのです。

　これが犠牲者の遺族からなら、まだ話は分かります。悲しみに冷静さと客観性を失い、非難すべきでない人を非難する。これはありがちな話です。しかし、先のような非難は、けっして遺族からだけではない。むしろ遺族以外のあらゆる人々から、それを浴びせられるのが日本なのです。

　そのことは、日本人のみならず日本社会に数年以上生活している人なら、必ず予測できるのではないでしょうか。そういう意見を発表すれば、そういう非難を浴びせられる、ということを自然と考えてしまいます。

　これを大衆の愚かな行動として、無視するという考え方もあります。現にマスコミはそうしています。しかし、**本来責任のない者が、責任を問われ非難されるというのは、どうみても健全な現象ではありません。むしろ社会の病理としてその治療法を考えたほうがいいと思うのです。**しかし、私が知るかぎりそういう試《こころ》みをしている人はいません。

　このことを社会病理ととらえるなら、病気の原因を探り、治療法を見つけるというのは通常の手段ですが、病気の原因がさっぱり分からないというのが現状ではないでしょうか。

原因が分からない以上、「分かりませんから治療ができません」と恥をさらすより、「あれは無知な大衆の愚かしい行動だから無視すればよい、まともに考える必要はない」としておくのが無難のように考えてその場を逃げるか、「アメリカやヨーロッパには、こんなことを言う人はいませんよ（事実いない）」と不満を表明することで、お茶をにごすしかありません。

しかし、それでは私はいけないと思うのです。そこで、その克服のため、その原因を指摘してみようとして、私は本書を書きました。

そう、その原因こそが言霊なのです。

こじつけでも誇張でもなく、これは本当のことなのです。分かりやすく説明しましょう。

そもそも論理的に考えてまったく責任のない者に、どうして責任を問うのかといえば、論理以外の「非論理」の世界で責任を問われるようなことをした、と非難する側が考えるからです。

ではその「非論理の世界」における責任とは何か。それを解く鍵は「おまえがあんなことを言ったから、こうなったんだ」という非難の中にあります。つまりこういう人間は「言ったこと」と「起こったこと」の間に、因果関係を認めているわけですね。すなわち、何かを言えば、それに対応して現象が起こる。言ったことと起こったことがシンクロする、そう信じているからこそ、この非難の言葉が出て来るのです。

言い直せば、結局「おまえ」が発した「人質に犠牲者が出ても止むをえない」という言葉の言霊が、人質の死を招いた。だからそんな言挙げをした「おまえの責任だ」、ということなのです。

「かく言えばかくなる」信仰の不思議

「かく言えばかくなる（こう言えばこうなる）」という言霊の作用を信じているからこそ、こういう非難がされることになるのです。そして注意してもらいたいのは、直接そういう非難の言葉を口にしなくても、その非難にある程度の共感を示す人は、すべて、やはり言霊信者だということなのです。

もし、まったく言霊の影響を受けていないなら、「責任のない人を非難するのは止めなさい」という逆非難をしなければならないはずですが、もしそんなことをすれば、どうなるでしょうか。より厳しい非難を招くことは必至でしょう。

ハイジャックなどは特殊なケースだと言う人のために、現代に生きる言霊の実例をもう一つ挙げておきましょう。もう少し、のどかな例です。

たとえば、あなたの会社で大運動会を計画したとします。社員一丸となって準備に邁進《まいしん》していた。ところがここに一人アマノジャクがいて、「当日雨が降ればいい」などと公然と口にしたとします。当然あなたたちは腹を立てる。そして当日、本当に雨になった。さあ、アマノジャクはなんと非難されるか。「おまえが変なことを言うから、本当に雨になっちゃったじゃないか」。こう言われるのがオチです。

言うまでもなく、科学的に考えればこんなことはありえません。雨は地球上の気圧の変化で起こるもので、一個人が言葉で左右できるものでないことは、きわめて当たり前の話です。彼は雨が降った事に対して、科学的に見ても論理的に見ても何の責任もない。それなのに、どうしてこんな非難の言葉が出てくるかといえば、それは、「かく言えばかくなる」「言葉と実体（現象）がシンクロする」という言霊の基本原理を信じているから、としか解釈のしようがないのではないでしょうか。

もう一つ例を挙げます。日本人はジョーク下手でユーモアに乏《とぼ》しい民族だと言われます。一方で、落語があり、漫才が大好きな日本人にユーモアがないというのはおかしい、という弁護論もあります。ジョークにしてもかなりうまくなってきた、とも言われるようです。

しかし少なくとも日本国内で日本人同士では、まず語られないジョークの型があるのですが、どういうものかお分かりでしょうか。

「うちの社長が死んじゃってね」

「○○君がガンなんだ」

「彼の乗った飛行機が墜落してね」

……こういうのは、言霊の世界ではけっしてジョークにならない。

なぜなら、「かく言えばかくなる」言霊の世界では、「うちの社長」が「死ぬ」のを願い、「彼の飛行機」が「墜落」するのを祈って言挙げをしたことになってしまうからです。年配者なら「縁起でもないことを言うな」と激怒するかもしれない。しかしこの非難も、何ら科学的根拠はありません。一個人がどんな言葉を口にしようと、それに現実が対応するはずがないからです。

仮に言葉どおりになったとしても、それは単なる偶然に過ぎないはずです。責任を問われるいわれはないし、謝罪の義務もない。ないはずなのですが、現実には「彼の飛行機が落ちたのは航空会社のせいですよ。ぼくが何を言おうと、事故原因とは何の関係もありませんよ」と言えば、それで済むでしょうか。それでは済まないのが日本なのです。なぜ済まないかといえば、皆が言霊に支配されているからとしか説明のしようがありません。言霊はいまだに生きている。そしてわれわれ日本人は、今なおその強力な支配下にいるのです。

敗戦予測を発表できない言霊社会

このジョークの例でお分かりのように、**言霊の支配する世界では、自由に言葉を使うことができません。**それは言葉というものが、「いい（結果を呼ぶ）言葉」と「悪い（結果を呼ぶ）言葉」に二分されてしまうからです。

言霊の支配する世界では、言葉を使うことが同時に、その言葉の内容を実現させることになる。いや、すべてが実現するとは限りませんから、もっと正確に言えば「言葉の内容の実現を祈る（願う）」ことになる。つまり言挙げです。いい言挙げならいいが、悪い言挙げは許されないということなのです。

ここは重要なところなので、もう一度説明すると、言霊の支配する世界では、発した言葉の内容と現実がシンクロする、と考えられています。だから、不幸な結果を招くと考えられる言葉を口にすることができなくなるのです。

ここで、ちょっと考えてみてください。こういう世界に、はたして言論の自由がありうるでしょうか。自分の意見を、完全に自由に発表できるでしょうか。

そもそも「意見」というものは、言葉によって表現された一つの見解にすぎません。平たく言えば「私はこのように考える」と言っているだけで、「こうなるように願う」と言っているわけではないのです。

しかし、言霊の世界ではこれが必ず混同されてしまいます。ハイジャックの例で言えば、「犠牲者が出ても解決すべきだ」が「犠牲者が出るように願う」という形に取られてしまうわけです。つまり言霊の世界では単なる意見も、その内容が成就《じょうじゅ》するように願った祈りの言葉にとられてしまうのです。そして、これが実におそるべき結果を招くのです。

たとえば、ある国が別の国と戦争を始めたとします。ところが軍事の専門家が、専門家としての知識と経験をフルに生かして冷静に客観的に検討した結果、このままでは必ず負ける、一刻も早く戦争を止めるべきだとの結論に達したとしましょう。これがイギリスやアメリカなら容易に率直に世間に発表することができるし、マスコミでも「一つの意見として」充分に採り上げてくれるでしょう。

ところが言霊の生きている国では、絶対にそうはなりません。

まず意見を発表すること自体、大変な勇気が必要です。言うまでもなく「このままでは負ける」が「負けることを願う」と解されるからです。「みんなが勝とうと懸命に戦っているのに、なんて奴だ」「非国民」「敗戦主義者」「戦死者や遺族の気持ちを考えろ」等々、言霊信者からのあらゆる罵詈雑言《ばりぞうごん》が飛んできます。そんな時は、「いや、私は負けることを願っているのではなく、このままでは負けるから止めるべきだと言っているのだ。私個人が何を言おうと、それが戦局を左右するはずもない」などと弁解してもだめなのです。

そのうち本当に戦局が悪化すると、今度は「おまえがそんなことを言うからだ」「おまえの責任だ」と言われるようになって、下手をすると本当に石が飛んでくる。いや、それでも意見を発表するならまだいいのですが、言霊の世界では、そういう意見を発表すればどういう非難を受けるかを、人々は経験的に知っているので、意見を「自粛」するようになるのです。つまり、**本当に正しい判断をできる人が口をつぐむようになります。**

客観的に見て「勝てる」場合ならそれでもいいでしょう。けれども、明らかにマイナスの結果しか予測できない時は、だれもがその予測を口にしなくなり、その結果、破滅への終局へとまっしぐらに突き進むことになります。終わってみると国土は焦土となり何百万人もの犠牲者が出た、こうなることは予測できたのに、ということにもなりかねないのです。

いや、これは実際に起こったことなのです。戦前、いわゆる昭和十年代から二十年にかけて、言霊の支配するこの国で実際に起こったこと。言霊は危《あや》うくこの国を滅《ほろ》ぼしかけたのです。そして、**さらにおそるべきことは、それにもかかわらず言霊の支配はまだまだこの国に続いているということです。**

民主主義の基本とは何か

この戦争と未来予測の問題は、いずれ本書でも詳《くわ》しく考察するとして、ここでは言論の自由の問題をさらに検討してみます。繰り返しますが、意見とはあくまで一つの見解（見方）にすぎないものです。

たとえば、「私はAのように考える」という意見がある。これに対して「私はBのように考える」という別の意見があるとします。この場合、Aが正しいかBが正しいか、双方がそう信じる論拠を出し合って検証すれば、より正確な（というよりは、より妥当な）結論が出ます。その結果、Aが正しいとなるかもしれないし、Bが正しいということになるかもしれない。あるいはまったく別のCという考え方に、双方が落ち着くという可能性もある。

意見というのは言ってみれば一つのタタキ台(仮説)ですから、討論をすればそうなるのが当然でしょう。

ところが言霊の世界ではそうはなりません。客観的資料に基づいて下された見解でも、それを資料ないしタタキ台(仮説)であるとは、けっして受け取ってくれないのです。専門家Aが「この戦争は負ける」と意見を述べる。これに対し軍人Bが「そんなことはない、必ず勝つ」と反論する。では双方そう信ずる根拠を出して検証してみましょう。その結果、AないしBが自説を撤回し、より妥当な道が選択されていく……こんなふうには絶対にならないのです。

先ほど述べた通り、戦時中ならAがそんな意見を述べることすらむずかしいし、仮に勇気を奮《ふる》って述べても、「そんなことを言うとは何事だ!」と、発言したこと自体が非難されてしまいます。当然その見解を検討してみようという態度はとりえません。

しかしそれぞれ意見を出し合い、見解の相違は討論によって調整していくというのが、言論の自由であり、民主主義の基本でもあります。意見を自由に出すことが不可能なところに民主主義など存在できるはずがないのです。

注意してほしいのは、これはけっして「軍部の圧力」のせいだけではないということです。もちろんかつての軍部が、強烈な言論統制をしたことは事実です。しかし軍部が消滅した今も、「自由に意見を述べる自由」は、相変わらず失われたままなのです。先に出した「ハイジャック」の例を見れば分かります。そんな自由はもともとなかったのです。

「意見」を「一つの見解」ではなく「その実現を望む祈り」ととらえるかぎり、そこには必ず「言っていいこと」と「いけないこと」の区別が生じます。**必ず「口にしてはいけない意見」というものが生ずるのです。**しかし、そうなったらもう言論の自由はないのであって、どんな意見でも、とりあえず言う自由があるというのでなければ、真の民主主義もありえないことは明白です。

ところが、言霊が猛威をふるう世界では「自由に意見を述べる自由」どころか、「自由に言葉（単語）を使う自由」すら失われてしまうのです。それは、先に述べたように、言葉というものが、「いい（結果を呼ぶ）言葉」と「悪い（結果を呼ぶ）言葉」に二分されてしまうからです。**そして自分が「悪い」言葉の使用を自粛するだけでなく、他人の言葉を使う自由も侵害することになる。これが実は「言葉狩り」の正体です。**

たとえば「めくら」という差別語を敵視する余り、「目の不自由な人」と言い換えるようなやり方も、結局のところ、言葉を抽象化した記号ではなく、現実そのものと一致してとらえることから生じているのです。そのため、できるだけ言い換えをしよう、そうしないと差別している、不敬の行為をしていると考えてしまうのです。

こうも言うことができます。言霊の世界では「言葉」と「実体（現実）」は双子のようなものですから、差別語という言葉さえ使わなければ「差別」という実体は消えてしまう、と考えてしまうことです。

だから今でも、昔の日本軍が「英語狩り」をやったように「差別語狩り」にマスコミは血道をあげることになるのです。

この国に言霊がある限り、戦前との比較で共通することは多々あります。「一億火の玉」になって「勝つ」と言えば必ずや「戦争に勝つ」という考え方と、「平和」「平和」と唱えていれば何もしなくても「世界平和が実現する」と思い込むことは、言霊信仰の上では同じことなのです。

戦前の「敵性語追放」は今も続いている

そもそも「意見」と違って「言葉（単語）」は単なる部分品に過ぎず、それ自体には何のメッセージも込められていないはずです。もちろん蔑称《べっしょう》というものはありえます。たとえば「ジャップ」とか「倭奴《ウェノム》」（韓国人が日本人に対して使った蔑称）とか、単語自体に侮蔑《ぶべつ》の意味が込められているものもあります。しかしこれは、言葉全体から言えばほんのわずかでしょう。

ところが言霊が猛威を振るうと、普通のなんでもない言葉まで「言葉狩り」の対象になります。その最も愚かしい例は戦時中の「敵性語追放」運動でしょうか。

といっても、戦後生まれの方々は知らないことでしょう。こんな愚かしいことが行なわれたのはさすがに恥だと思ったのか、最近は歴史の本でもまず記載されていません。あとで述べますが、私はこういう愚行こそきちんと記録すべきだと思います。私も、もちろん戦後生まれなので、こんなことがまさか行なわれていたとは知らなかったのですが、たまたまプロ野球の歴史を調べていて知りました。

敵性語追放運動とは何か。それは日常生活の中から英語を追放する、英語を使わせない、という運動のことです。次の引用文をご覧ください。

太平洋戦争が激しくなるにつれて、工場や会社だけでなく、一般家庭からも金属類を供出するようになりました。兵器を生産するのが目的です。パーマネントの機械は作れ

なくなりました。（中略）

巷ではすでに、次のような歌が歌われていました。

パーマネントに火がついて
みるみるうちにはげ頭
はげた頭に毛が三本
ああ恥ずかしい　恥ずかしい
パーマネントはやめましょう

横文字も敵性語として使えなくなって、「パーマ」は「電髪《でんぱつ》」、「アップスタイル」は「てんぷら」、「カール」は「のりまき」などと言い換えていた時代です。

（山野愛子著『若くてごめんなさい』東京新聞出版局刊）

もちろんパーマ用語だけではなく、敵性語追放はあらゆる部門におよびました。そして、最も困惑したのは、おそらく野球界だったと思われます。ストライクとかグラブとかファウルとか、野球は英語だらけですから。
仕方がないので日本語に言い換えた、その主なものは次のとおりです。

◎野球用語の言い換え

ストライク……正球
ボール……悪球
フェア……正打
ファウル……圏外
セーフ……安全
アウト……無為
タイム……停止
ホームチーム……迎撃組
ビジターチーム……挑戦組

◎審判の号令

フェア……よし

ファウル……………だめ
セーフ……………よし
アウト……………ひけ
ボーク……………反則

（『鈴木龍二回顧録』ベースボールマガジン社刊）

これは主に記録用語ですが、審判が口で言う時はどうするのか。「ストライク、ワン。ストライク、ツー。ストライク、スリー、バッターアウト」と、どうやってコールするのか？「よし一本、よし二本、よし三本、それまで」と「号令」をかけたとされています。

これは冗談ではない、本当の話。昭和十八年から二十年までの間、日本の野球界は陸軍の圧力に屈して、こういう言葉で試合をしていたのです。

しかし陸軍は、どういう考えでこんなことを強制したのでしょうか。いくら「鬼畜米英」と戦争しているからといって、その敵の言葉を使わせないようにして、どんな効果が期待できるのか。

これと対照的なのが米英側で、特にアメリカでは、日本との戦争が始まったというので日本語教育を強化しました。孫子の兵法に言う「彼《かれ》（敵）を知り、己《おのれ》を知らば、百戦殆《あや》うからず」といったところです。養成された日本語要員の中には、日本軍の暗号を解読して山本五十六《やまもといそろく》長官機撃墜に貢献した者も出ました。暗号が解読できたということは、言うまでもなく日本語を自由に読み書きできたということです。

こういうのが本当のリアリズムなのではないでしょうか。敵性語追放というのは、リアリズムでは絶対に説明できない現象です。だから歴史家もこの奇妙な現象をあえて避けて通るのかもしれません。これを説明するには、やはり言霊の概念を使うしかありません。実に非論理的な発想なので分かりにくいですが、結局、陸軍はこう考えたのでしょう。

英語は敵の使っている言葉である。その言葉を日本人が使うことは（言挙げすることは）、その英語一つ一つに込められている、敵に属するところの言霊の魔力を発散させることになる。それはすなわち敵を利することになる、だから使わせない。そして使わせないこと（敵性語追放）は、対米英戦勝利につながる、と。

まったく非科学的かつ非論理的な考え方ですが、こうでも考えないと敵性語追放の理由が説明できません。

問題は「戦時中の陸軍は馬鹿なことをやらせたんだな」と笑い飛ばせばそれで済むこと

なのか、という点にあります。実はこういうことは今も行なわれているのです。敵性語という言葉は死語となりましたが、今でも使用禁止語は確実に存在します。

差別語に対する「言葉狩り」

言うまでもなく、それは「差別語」です。

かつて陸軍は、野球の「ストライク、ワン」を「よし一本」などと言い換えさせ、これで大真面目に「アメリカに勝てる」と考えていました。これを、「バカなやつ」「愚かしい限り」「一人前の大人の考えることではない」と笑い飛ばす資格がわれわれにあるでしょうか。もしそう考える人がいたら、それはとんでもない誤りだと私は思います。言霊の支配から脱却しないかぎり、「言葉狩り」は永久になくならないのです。

肝心なことなので、もう一度繰り返しますが、言霊の世界では、言葉自体が「いい（結果を呼ぶ）言葉」と「悪い（結果を呼ぶ）言葉」に二分されてしまいます。それゆえ、言葉を自由に使うことができなくなるばかりか、他人の言葉を使う自由まで侵害する連中が出て来ることになる。それが言葉狩りというものの正体です。

戦前の「敵性語追放」、戦後の「差別語追放」、この根底にある思想はまったく同一で、「言葉」を「狩る」ことによって、その言葉によって表現される実体（敵や差別）が退治できるという考え方に他ならないのです。

これは言うまでもなく、言葉と実体がシンクロしているという信仰がなければ存在しえない考え方です。**逆に言えば「言葉狩り」が存在すること自体、言霊支配が現在も脈々として続いていることを証明している、と言えるのです。**「言葉狩り」は言霊社会でなければありえない、言霊社会特有の現象であるとも言えましょう。

もっとも戦前の「敵性語追放」と、戦後の「差別語追放」は、まったく同じものではありません。言霊信仰による「言葉狩り」という基本は同じですが、戦前の「敵性語」はもともと英語という普通の言葉であるのに対し、「差別語」には差別を助長するような言葉が含まれているという点が違います。この「差別を助長するような言葉」を追放するのは、ある意味で当然であるし、別に反対するつもりは私にもありません。

ただ、この定義が無限に拡大解釈されると、「普通の言葉」までが差別に敵対する「敵性語」として次々に抹殺《まっさつ》されることになってしまいます。こうなると、もう「よし一本」と何ら変わるところのない歴史的愚行になり、そして残念ながら言霊社会では、常にこの拡大解釈が行なわれる傾向があるのです。

問題を整理しましょう。まず本来の「差別語」の定義をしておきます。差別語とは、まず第一に特定の人種・職業・身分・階級等に対する蔑称であり、またそれらに関する差別意識に基づく用語です。

たとえば以前に触れた、日本人に対する蔑称「ジャップ」「倭奴《ウエノム》」のごときものです。こういう言葉を日常使うべきでないし、他人が使えば抗議していい。ただ、絶対に使用禁止にすべきではない。少なくとも歴史教育の場では、きちんと教えるべきでしょう。

また、いわゆる「部落差別問題」についても、公教育の場で、歴史上の過《あやま》ちとして事実を包み隠さず教えるべきではないでしょうか。それが真の意味での反省につながるし、過ちを再び繰り返さないことにもなるのです。

事実の隠蔽《いんぺい》は、問題の解決にならない

ところがこういう点になると、おうおうにして右も左も、保守も革新も、事実を覆《おお》い隠すほうへ行ってしまいます。右はともかく、左はそんなことをしていないという人もいるかもしれませんが、それは事実ではありません。

そのことは次の章で明らかにしていきますが、とにかく、差別というものが人間の尊厳

に対する挑戦であり、また歴史の汚点であることはまぎれもない事実です。だから、それを隠してしまいたいという心情は分からないでもないのですが、それでは問題は永久に解決しません。

こういうことを言うと、すぐに「そんなことは教えないほうがいい。何も知らないほうがかえって差別はなくなる。知らせることはかえって差別の助長につながる」という意見を出す人が必ずいます。いささか古いものですが、次の記事を見てください。

「部落差別」に週刊誌で初めて本格的に取り組んだ本紙9月22日号の特集記事、『こんなことが許されていいのか！　部落差別　結婚・就職・資料「パソコン通信地名総鑑」「同和者不適性要領」の新手口を糾弾する』は、大変な反響を呼び、編集部には読者からの投書が多数寄せられた。

いうまでもなく、その内容は批判から激励まで、さまざまだ。代表的なのが次の2例である。

〈9月22日号の「部落差別」の記事は、一見、差別に反対しているようだが、結果的に差別を煽《あお》っている。「部落差別」を知らない若い人達に知らしめることになってしまい、良

くない。もう2度とやるな！（40代のサラリーマン）〉
〈特集記事の最後に〝本紙はこれからも、「人種と差別」を重視し、重大な社会問題として追跡していきたい〟とありました。これからの取り組みを心から期待します（福岡県の男性）〉

（『週刊ポスト』平成元年十月十三日号）

福岡県の男性の意見は、正論です。問題は「40代のサラリーマン」の意見。これは代表的な二例のうちの一つだと記されています。実はこれこそ典型的な言霊社会の反応と言っていいのです。こういう人は過去の事実を消してしまえば、それに対応して、差別という現象が消えると信じています。言霊に支配されているからこそ、こういう発言になるのです。

これがどんなにおかしな考え方か。たとえば世の中にはカビというものがあります。一部を除き、これはなくなってしまったほうがいい。ではカビをなくすためには、カビの存在を教えないほうがいいのか。カビについて何も知らないほうがカビはなくなるのか。カビの存在を教えることがかえってカビの増殖につながるのか。そうではないでしょう。むしろカビがいかに不衛生なものか、人間にどんなに害があるのか、を正しく教え、合わせてそれをいかになくすべきことかということを教えればいいのではないでしょうか。

差別だって、根本的には同じことです。人間は差別をする動物です。ほうっておけば、その性癖は直らない。自然状態で育てれば差別をしなくなるなどとは、迷信にすぎないので、そのことは子どもの社会を見れば分かります。だからこそ教育という手段でしか差別はなくしえない。少なくとも言葉狩りや過去の事実の隠蔽《いんぺい》で、なくせるものではないはずです。それがどうして「言葉狩り」という方向に行ってしまうのか、もう繰り返すまでもないでしょう。

本来の差別語については、今述べたような考え方で対処すればいいのですが、実は問題はもっと深刻で、言霊社会では、差別語の内容が限りなく拡大解釈されるばかりか、その拡大解釈された「差別語」を使用したばかりに「差別者」とか「差別文学」と決めつけられる事態が起こっているのです。

考察を続けます。日本新聞協会には用語懇談会なる組織があり、定期的に会合を開いています。そこでは、たとえばこのようなことが決められます。

「夫《ふ》」のつく職業名はその職業を差別していることになるから差し控えるべき、とされました。一九九二年の出来事です。

人夫、掃除夫、農夫、漁夫、工夫、鉱夫、潜水夫などの言葉は次々と言い換えられていきました。潜水夫は、潜水作業員、またはダイバーです。

肉体労働者に対して差別的な感じがあるとしての処置ですが、『大辞林』によれば「夫」は1．おっと　2．おとこ　3．公共の労役に出る男、または労働する男、の意味しかありません。

差別語に対して、一般的には「文句をつける怖い存在」と思われている部落解放同盟中央本部マスコミ担当を一九八〇年より長く務めた小林健治氏は、はっきりとこう言ったことがあります。彼は差別表現摘発（いわゆる「糾弾」）の現場に立ち会ってきた当人です。

「言葉ではなくて、表現なのです。（略）同盟が抗議するときは、その文脈なり言動に差別的な蔑視感情を持っている場合です。それ以外では抗議していないのです」

（『「言葉狩り」と差別』文藝春秋社）

言い換え例を具体的に挙げてみましょう。よく知られた「差別語」の他にも、次のようなものがあります。

「氏より育ち」→遺伝的要素が人を決めるとするのでダメ
「カエルの子はカエル」→遺伝的要素が人を決めるとするのでダメ
「がっぷり四つ」→がっぷり、に縮める。「四つ」は差別に通じる。
「四つ辻」→十字路、に。
「踏切番」→踏切警手、に。
「どさ回り」→地方巡業、に。
「～嬢」→（電話）交換嬢は交換手、に。
「文盲」→字の読めない人、に。
「盲愛」→むやみにかわいがる、に。
「やぶにらみ」→斜視、に。
「片肺飛行」→片翼、に。
「盲目的」→分別を欠いた、に。

「アル中」→アルコール中毒、に。
「オールドミス」→年配の女性、に。
「処女作」→第一作、に。
「滑り止め」→併願、に。
「足がない」→移動手段がない、に。
「日雇い」→自由労働者、に。
「手短に」→端的に。……

切りがないのでこのへんで止めておきますが、これらはすべて新聞各社の言い換え用語集にあるものです。
もう一つ、挙げておきます。宝塚市の公式ホームページに載っているのですが、「こういう言葉は使わないようにしましょう」という、市民に対する注意喚起です。この指摘が適切であるかどうかは市民一人一人の判断によることになるでしょうが、「えっ、こんな言葉も使わないほうがいいんだ！」と驚かれる人も多いかと思います。

「子供」→子は供物《そなえもの》ではないから、「子ども・こども」に書き換える。

「取り上げる」→上中下を避けるために「取りあげる」に。同じ理由で県下は県内に。

「障害を持つ」→障害は本来個性であって持たされるものではないので「障害のある」に。

「欠損家庭」→欠け損じたのではないはずなので「単親家庭」に。


「男のくせに」「女のくせに」「男らしく」「女らしく」「女だてらに」「男勝《まさ》り」「紅《こう》一点」「売れ残り」「職場の花」「美人アナ」「夫唱婦随」「落ちこぼれ」……などはどれも「使わないようにしましょう」という言葉だそうです。これらの言葉を葬り去っても実体が無くなるわけではありませんが、行政機関がこういう「指導」をしているという奇妙な現実は知っておいても無駄ではないと思います。

言霊が支配する国においては、用語が次から次に変換されていくさまは、まるでイタチごっこのようなものと言えるでしょう。

『ピノキオ』が差別文学?

童話の世界的名作『ピノキオ』が、障害者団体などから「差別文学」として糾弾され、出版社に回収が求められた事件がありました。えっ、あの『ピノキオ』が、と驚かれる人も多いでしょうが、これはかつて、一九七六年十一月に実際に起こった事件です。

『ピノキオ』のどこがいけないのか。まず第一に、抗議を受けた小学館版に「びっこのきつねとめくらのねこのこじきがやってきました」などの表現があったということ。そして第二に、この作品にはこのようなキツネやネコが登場し、しかも最初は障害者のふりをしてピノキオをあざむき、のちに本当の障害者になるというようなストーリー展開になっているということ。つまり、これらの点が差別を助長する「差別文学」であると糾弾されたのです。

そして抗議者（『障害者』差別の出版物を許さない――まず、ピノキオを洗う会）は本の回収と地元図書館での『ピノキオ』閲覧《えつらん》貸出しの中止を要求しました。

これに対して版元の小学館では、とりあえず「びっこ」や「めくら」を「足の悪い」「目の悪い」と言い換えることには応じ、改訂版を発行します。

読者の皆さんはどうお考えになるでしょうか。この「洗う会」の行動に「図書館問題研究会常任委員会」が抗議文書を出しているので、その主張を要約して以下にかかげます。

まず、第一に「洗う会」がいきなり回収と閲覧中止を求めたことに抗議する。回収とは問題のある部分を目に触れさせないというやり方であり、プライバシーの保護などの場合を除いて言論問題の討議の進め方として正しくない。それは一種の検閲であり、国民はどこが問題なのか判断できなくなる。仮に『ピノキオ』が差別的だとする意見があるとしても、その当否は討論の中で決めていくべきだ。主張者が自己の見解に基づいて「差別図書」と決めつけ、図書館資料を含めて回収を迫ることは、言論に対する封殺行為である。

第二に『ピノキオ』は今日では評価の定まった古典であり、その中に「めくら」と「びっこ」という言葉があることをもって〝障害者に対する差別を拡大する〟という主張をすることは、作品を故意にゆがめて解釈するか、文学作品の読み方が分からないものの主張であるとしか思えない。

第三に、差別図書として回収に成功したとしても、差別が無くなるわけではない。まず『ピノキオ』を洗い出して次々に回収したとしても、それは「ことばによって何かを変えよう」というやり方であり、好ましくない現象がなくなるような幻想に取り憑《つ》かれているのにすぎない。

まだ反論は続きますが、このくらいで論点は洗い出せたと思います。要するに『ピノキオ』が、仮に「差別文学」だとしても、それを人目に触れさせないというやり方は、図書館問題研究会の言う通り、民主主義のルール違反以外のなにものでもありません。

それに「ことばによって何かを変えよう」としても、「それは結局、好ましくない現象がなくなるような幻想に取り憑《つ》かれているのにすぎない」のも確かなことです。

この幻想とは何か。言うまでもありません。彼らは言霊の原理も概念も知らずに、自分たちを苦しめるものを追及した結果、この結論にたどりついたのです。

このこと自体、言霊というものが、想像の産物でもなく、過去の遺物でもないことの、有力な証明であるといえます。

ここでは文学論をするつもりはないので、『ピノキオ』が差別文学かどうかは読者個々の判断にお任せします。ただ社会福祉が日本よりはるかに進んでいる欧米で、『ピノキオ』が差別文学として糾弾されたという例は、私は寡聞《かぶん》にして知りません。言葉狩りは言霊社会特有の現象であるから、言霊のない欧米には、言葉狩りもないはずなのです。

ところで、もし文学作品から「差別語」をすべて取り除いたとしたら、どういうことになるでしょうか。はたして文学作品として成立するのかどうか。

谷崎潤一郎の『盲目物語』(昭和六年発表)は表題を変えても文学作品として不動の価値を保ち得るでしょうか。「一ねんとたたぬあいだにまったくめしいになり」「両眼をうしないましたのは四つのときと申すことでございます」という回顧から始まるこの大谷崎《おお》の代表作から、盲目という重要要素が外されたらどうなってしまうのでしょうか。

井伏鱒二の『遥拝隊長』(昭和二五年発表)は戦後文学の代表作ですが、軍隊から帰ってきて精神に支障を来《きた》してしまった青年の話がユーモラスに語られています。「完全に気違いの発作を見せたのは、敗戦後数日たってからである」との記述からわかる通り、彼は他人から見て「気ちがい」ではあるのですが、作者の筆に、彼をおとしめる意図などはまったくないことは一読すれば誰でもわかります。「悠一はびっこだから追いかけて来ることだけは断念する」との記述を、「悠一は足が不自由だから……」と代えることに、どれほどの意味があるでしょうか。言葉狩りは芸術(文学)作品を痩せ細らすことだけは確かです。

「女中」はもともと尊称だった

この「めくら」「びっこ」といった障害者に対する差別語について、少し触れておきます。

これらの言葉は、もともと普通の言葉であり、差別語ではなかった。と言うと反論もあるかもしれませんが、少なくとも「ジャップ」などとは違います。

「ジャップ」はあくまで罵倒《ばとう》語として作られ、蔑称であることはまぎれもありませんが、「めくら」というのは、語源的にはおそらく「目暗」であり、「目の前が暗い」という事実を淡々と述べた言葉にすぎなかったはずです。それが前近代における障害者に対する差別意識と結びついて、差別語とされるようになったのだと思います。

似たような経緯をたどった言葉に「女中」があります。いまでこそ「お手伝いさん」を「女中」などと呼べば失礼だということになっていますが、**江戸時代において女中と言えば御殿《ごてん》勤めをする女性のことで、むしろ尊称でした。**それが明治から大正にかけて、一般家庭の家事を手伝う女性のことになり、ついには仕事の内容は同じなのに、女中と呼ぶと失礼に当たるということにまでなったのです。かつての尊称が、差別語まで下落してしまった一例です。

日本では、しばしばこういうことが起こるのです。なぜ起こるかは、これまた重大な問題であり、その理由も私には分かっていますが、本稿の目的ではないのでここでは触れません。とりあえず「めくら」という言葉が、当初は差別語ではなかったという事実を認識してください。

しかし、それが障害者を差別し、一段低いものと見る前近代の意識とあいまって、差別的に使われたことも事実です。ですから、この際そのような前近代意識と訣別するために、「目の不自由な人」のように言い換えるというなら、とりあえず私も賛成します。もちろん、言い換えることで障害者への差別がなくなると信じるからではありません。そのほうが確かに現代社会にふさわしいと思うからです。

しかし、「めくら」とはもともと差別語ではなかったのだから、それから派生した言葉「めくらじま」とか「めくらめっぽう」まで差別語扱いするのは行き過ぎだと思うのですが、どうでしょうか。

上司が細かいことを気にせずに判を捺《お》してくれる「めくらばん」も、もちろんいけないこととされています。それどころか、二〇〇七年には「メクラウナギ」という和名が廃されて「ホソヌタウナギ」となりました。ウナギは「めくら」と言われても悲しまないと思うのですが……。同様に「メクラアナゴ」は「アサバホラアナゴ」と改名されています。

また、一歩ゆずって、仮にこれが差別語だとしても、たとえば「片手落ち」などまで使用禁止に含めるのは明らかに行き過ぎでしょう。「あの部長は片手落ちな人でね」と言った場合、日本語の解釈として「この部長は障害者である」とか「この表現は障害者を蔑視している」などと考える人間が、どこにいるでしょうか。確かに人間には「連想の自由」はありますが、それを無制限に許していたら、どんな問題にも難癖をつけることが可能になるはずです。

たとえば現時点で、「片手落ち」は差別語ですが、「死人に口なし」はいいことになっています。

しかし、なぜ「片手落ち」がいけなくて、「口なし」がいいのか。私にはさっぱり分かりません。これは結局、「片手落ち」には抗議が来たが、「口なし」にはまだ来ていない、ということなのでしょう。そして基準がはっきりしていない以上、言葉狩りはいくらでもエスカレートしていきます。ヤクザの言いがかりと同じで、理屈はどうとでもつけられるからです。

「肌色」という色が、事実上今はないのをご存知でしょうか。「肌色」に人種差別的なニュアンスがあるとされ、一九九九年にぺんてるが「ペールオレンジ」に、その翌年に三菱鉛筆、トンボ鉛筆、サクラクレパスが「うすだいだい」と色の名を変えました。「肌色」という色は、共同通信社の『新聞記者ハンドブック』では差別語とされています。事なかれ主義もここまできたか、という感を強くします。

『「言葉狩り」と差別』(前掲書)の中で、作家の故井上ひさし氏は「差別語のための私家版憲法十一箇条」と題して、こう発言しています。

「第七条　ことばを抹殺したからといって、また、たとえそれをどう言い換えたからといって、その言葉が示していた差別がなくなったわけではない」

「第八条　差別語には差別語の歴史があり、わたしたちはその歴史と勇気を出して向きあわなければならない。そういう人間の数が増えることによってのみ、歴史の暗部や秘部を乗り越えることができるだろう。つまりその差別語を作り出している歴史的状況を大勢で意識的に変えなければならない」

まさにその通りではないでしょうか。言葉だけをいじっても実体は変わらないはずなのに、言葉を変えればそれに伴って実体も変わるという言霊の考え方が「言葉狩り」には色濃く反映されているとしか、私には思えません。

「座頭市《ざとういち》」が放映されなくなった理由

かくして日本語は、次々と抹殺されてきました。

特に文学、芸術の面で被害は甚大《じんだい》です。

テレビの深夜映画をご覧になればお気づきのように、一時期、過去に作られた映画の中から「差別語」がどんどん抹殺されていきました。もちろん、その中には、どうにも容認できないような、身障者を傷つける表現もあるかもしれません。しかし大半はドラマの進行上なくてはならぬものか、その一言がないと感動が薄れるようなものです。

典型的な例を挙げましょう。それは、勝新太郎扮する映画の「座頭市《ざとういち》」シリーズ。ある時期、座頭市シリーズはまったく放映されなくなってしまいました。日本映画史上に残る傑作娯楽映画が、なぜ放映されないのか。それは、けっして主演男優のスキャンダルのせいではなく、一つのセリフが問題になったからでした。

それは「どめくら」という罵倒語。

ご存じのように、この映画の主人公、座頭市は盲人です。座頭市と対立するヤクザや悪人がこの罵倒語を口にする。市《いち》は怒り悲しむ。もちろんこの言葉は、日常使ってはいけない言葉であるし、周囲の人間が使えば抗議するし、子どもが使えば大人は叱《しか》るでしょう。しかし、これはあくまでドラマです。ドラマというものは、人間の怒りや悲しみを描くために、あえて差別の実態を見せ、差別語を使うことがあります。それまで禁止してしまっては、人間の怒りや悲しみを表現することすら出来なくなってしまうからです。

ところが実際問題はどうか。抗議が恐いので「どめくら」はカットしてしまいました。ですがカットしてしまえば、この映画はまったく意味のないものになってしまいます。そのような言葉を使うのは悪人で、悪人だからこそ使うのですが、それが消されてしまえば結局、悪そのものも消されてしまうことになり、映画としての凄味《すごみ》が消え去ってしまいます。放映する意味もなくなります。骨が抜かれた映画を放映しても意味がないからです。

こういうことを言うと、すぐに、そのまま放映すれば子どもが真似をする、と反対する人がいます。いったい、そういう人たちは何を考えているのかと思います。だったら真似をして「どめくら」と言った子を叱ればいいではないですか。こういう言葉は人を傷つけるから、使ってはいけませんよ、と教えればいいだけのことです。それが本当の教育でしょう。

差別用語追放が次々にエスカレートしていけば、行き着く先はあの戦前の愚かしい敵性語追放の世界に他なりません。英語は敵の言葉だ、だから敵に勝つために英語を使用禁止にする。差別という敵を退治するために差別語を追放する。根底は同じなのです。

では戦前の軍部は、そうすることによって敵に勝ったかどうか。このあたりをよく考えてほしいのです。「よし一本」を、笑い飛ばす資格がわれわれにあるのでしょうか。

韓国には残っているようですが、言霊がいまだに猛威を奮っているのは、いわゆる先進国では日本だけです。欧米ではこんなことは起こりません。たとえば英語では、「めくら」「盲人」「目の不自由な人」。これがぜんぶｂｌｉｎｄの一語ですみます。

もちろんずばり使っても「差別だ」などと誰も言わないし、派生語もたくさんあります。窓の日よけは、そのものずばりｂｌｉｎｄ（ブラインド）だし、ｂｌｉｎｄ ａｌｌｅｙといえば袋小路、ｂｌｉｎｄ ｃｏａｌといえば無煙炭（煙が見えないから）、ｂｌｉｎｄ ｓｔｉｔｃｈ は隠し縫いのことです。ラグビーでは「ブラインド・サイドを突く」という用語もあるではないですか。

つまりｂｌｉｎｄ自体差別語ではないし、これを比喩《ひゆ》として使ってもまったく文句は言われない、ということです。少数の侮辱語は禁じても、その対象が無限に広がっていくということがそもそもないし、差別は言葉の問題ではないと誰もが認識しているからです。

私はこの件に関する限り英語圏がうらやましい、というのが正直な気持ちです。

いまこそ認識すべき言霊の問題

どうしてこのような問題が次々と起こるのか、それは一口で言えば、日本人が歴史に学ぼうとしないからです。いや、学ぼうとしても学べない構造になっているといってもいいでしょう。

一番の問題は、その時々の「正義」で都合の悪い事実を抹殺《まっさつ》してしまうことでしょう。たとえば軍部が敵性語として英語を抹殺する。そして軍部が滅びると、今度は「敵性語追放という愚行」を歴史から抹殺する。そのうえ、このことは次章で詳しく述べますが、右も左も動機の違いはあるにせよ、過去の事実を隠蔽《いんぺい》する。これでは過去の教訓に学ぶなどといっても、絵空事《えそらごと》になってしまうのです。

そしてもうひとつ重大なのは、それが言霊の悪影響であることを、歴史家をはじめ、日本人のほとんどすべてが認識していないことではないでしょうか。

たしかに、言霊などというものは非科学の極《きわみ》で、「言葉を口にしたからといって、その内容が実現する」などということはありえません。しかしだからといって、事実としてそういう考え方に影響されているかどうかは、また別の問題なのです。「言霊の魔力というものは存在しない。だからその影響などあるはずがない」——それが科学者としての歴史学者の見解かもしれないのです。

しかしそれならば、これまで私が言霊の悪影響として挙げてきた数々の事例を、他の概念で説明できるはずです。しかし実際は説明どころか、敵性語追放のようにリアリズムで説明できない現象を歴史の記録からはずしてきたのが、日本の歴史学ではないのか、と私には思われます。

いや、非難はやめましょう。それよりも言霊が現在も生き続けている証拠を、次々と挙げていくことが早道のはずです。それが本書の目的です。

日本史において謎とされている現象も、あるいは言葉狩りのように、現代の問題で原因が不可解とされている現象も、**言霊という概念を導入すれば、快刀乱麻《かいとうらんま》のごとく解明できることが多い**と思うのです。次章以降、それを証明していきましょう。

第二章

日本史の中の言霊

―「言い換え」という名の事実隠蔽《いんぺい》がもたらすもの―

「縁起の悪い」言葉は「不幸」を招く

言葉と実体（現象）がシンクロする、というのが言霊の基本原理です。だから、ある事態を実現させるためには、言霊を発動させればいいということになります。そして言霊を発動させるためには言挙げをすればいい。

簡単に言えば、雨を降らせたいと思ったら、「雨が降る」と言えばいい。これは、必ずしも命令形でなくてもよいのです。逆に、実現しないでほしいと思ったことは、絶対に口にしてはいけません。「あの飛行機は落ちる」などとは絶対に口にできない。私は「墜落せよ」と言った覚えはないと、抗弁してもだめなのです。命令形でなくても言挙げした以上、効力があるからです。

こういう世界では、言葉をうっかり口にできません。口に出すということは、言挙げをしたということになってしまいます。 したがって、普通に使っている言葉も、状況によっては使えなくなるわけです。

たとえば、結婚式や披露宴に招かれたとします。そこで、宴《うたげ》が終わった時の司会者の言葉に注目してください。「これでお開き」というはずです。なぜ「終わり」なのに「終わり」

と言わないのか。前章を読んだ方にはもうお分かりでしょう。そこで、もう一つ応用問題を出してみます。

話は、一気に鎌倉時代にさかのぼります。鎌倉幕府の詳細な年代記として知られる『吾妻鏡《あずまかがみ》』、その承元二年（一二〇八年）正月十一日に、次のような記述があります。

「晴る、御所の心経会《しんきょうえ》なり。去《い》ぬる八日式日たりといへども、将軍家御歓楽《ごかんらく》によりて、延びて今日に及ぶ」

場所も会合の内容も重要ではありません。肝心なのは会が延期になった理由です。将軍の「歓楽」とは、いったいどういう意味か。これを考えてみてほしいのです。現代で歓楽というと「よろこび楽しむこと」。歓楽街という言葉もあります。鎌倉時代はどうかと言えば、実はまったく同じでやはり「楽しむこと」なのでした。では将軍が、何かレジャーでも楽しんだために延期になっていたのか、そのように解答すれば、残念ながら0点。

確かに当時でも「楽しむ」という意味はあり、それが本来の意味であるにもかかわらず、この記述者は別の意味に使っているのです。正月の記事ということも大切なポイントです。

正月は結婚式と同様、おめでたいものですね。

そもそも、結婚式の終了に際して「終わり」と言わないのは「縁起が悪い」からです。「終わる」は結婚生活の「終わり」に通じ、「去る」や「切る」も人によっては式の最中は使いません。婚家を去る、縁を切る、に通じるからです。すると「歓楽」の意味も見当がつくはず。正解は「病気」なのです。「病気」と書かずに「楽しみ」とわざわざ書く。これも「縁起が悪い」からなのです。

ここで、もう一段深く考えてみましょう。なぜこれらの言葉を使うと「縁起が悪い」のか。理屈を言えば、こんなおかしな話はありません。たとえば、結婚生活はあくまで夫と妻の双方の合意によって営まれるものであり、成功しようが破綻《はたん》しようが、最終的には当人たちの責任です。少なくとも他人が結婚式でどんな言葉を使おうと、何の影響もないはずですね。

また『吾妻鏡』にしても、この記事を書いた時点ではすでに将軍（源《みなもとの》実朝《さねとも》）の病は治っています。いまさら病気という言葉を避けたところで、何の意味もない。断わっておかねばならないのですが、この言い方は『吾妻鏡』だけの特殊な用語法ではありません。それどころか平安以降江戸期に至るまで、貴人や官人の日記や記録にしばしば見られるものなのです。

どうしてそんな言葉遣いをするのか。結局これは言霊信仰があるから、としか考えようがありません。

つまり「縁起の悪い」言葉を唱《とな》えると、それに対応して「不幸な事態」がやってくる。だからそういう言葉は使わない、というわけなのです。

名をうっかり知られてはならない

言霊信仰というのは、日本特有のものなのか、と聞かれれば、そうではないと明確に答えられます。おそらく古代には世界各地にあったでしょう。ただし、それは今ではほぼ全滅し、世界の文明国の中で残っているのはおそらく日本だけかと思われます。

普段、気がついていない言霊の作用として、実名のタブーというのがあります。

もう一度、『万葉集』を見てください。

あらたまの年の経《へ》ぬれば　今しはとゆめよわが背子《せこ》　わが名告《の》らさね（五九〇）

百積《ももさか》の船隠れ入るや　占《うら》さし母は問ふとも　その名は告《の》らじ（二四〇七）

玉かぎる岩垣淵《いわがきぶち》の　隠《こもり》には伏して死ぬとも　汝《な》が名は告《の》らじ（二七〇〇）

はじめの歌は笠女郎《かさのいらつめ》が大伴家持《おおとものやかもち》に贈ったもので、大意は「おつき合いしてだいぶたったけど、あなた、どうか私の名を人に言わないで」ということになります。二番目は「母親が聞いても」、三番目は「伏して死ぬとも」恋人の名は漏《も》らさないという意味です。どうして漏らさないのか。そこで万葉集巻頭の歌に戻りましょう。

籠《こ》もよ　み籠《こも》持ち　堀串《ふくし》もよ　み堀串持ち　この丘に　菜摘《なつ》ます子　家告《の》らせ　名告《の》らさねそらみつ　大和の国はおしなべて　われこそ居れ　しきなべて　われこそ座《ま》せ　われこそは告《の》らめ　家をも名をも

雄略《ゆうりやく》天皇の求愛の歌です。ご存じの方も多いでしょう。天皇は、丘で堀串《ふくし》（スコップ）を持って菜を摘《つ》んでいる乙女に、名を名乗れと言っているわけですが、問題は、なぜそうするかということです。

好きな女の名を聞くのは当たり前じゃないかというかもしれませんが、それなら前にあげた三首を見てほしい。恋人の名は死んでも漏らさないものなのです。人の名を聞くのは大変なことなのです。

言霊の世界では、人の名前を知る、知られるということは、その人を支配するということになるのです。恋人同士ならば身も心も捧げることになります。なぜなら名（言葉）と、その名によって表現される実体（この場合は恋人）は表裏一体のものだからです。言葉と実体は、言霊の作用によって一つのものになっていると言えるのです。

名と実体が一致するのですから、実体のほうを殺したい場合、名のほうへ呪いをかけても効果があることになります。だから、うっかり名を人に知られたりしてはならないのです。名は単なる記号ではないのです。

なぜ、子どもにわざと汚い名前をつけたのか

本書の目的は言霊の現代社会に与える影響について考えることなので、どうしてこういう信仰が生まれたかという点については、考察は専門の学者に委《ゆだ》ねることにしますが、こ

の習俗はけっして日本だけではなく、古代に世界各地で見られました。たとえば、子どもが生まれるとわざと汚い名前をつける。あまりよい名だと鬼神が目をつけ、その子の命が危《あや》うくなるからなのです。無事成長すれば、よい名に変えることは言うまでもありません。

日本でも、歴史上有名な例があります。豊臣秀吉は淀君《よどぎみ》との間にようやく生まれた男子に、はじめ棄丸《すてまる》と名付け、後に鶴松《つるまつ》と呼んだのですが、この子はわずか三歳で死んでしまいました。そこで次に生まれた子には拾丸《ひろいまる》と名を付けました。しかも、絶対に呼び捨てにせよ、「お」の字をつけて「おひろい」と呼んではならぬ、と厳命しています。

ここで呼び捨てにするのは、ひどいあつかいをすることによって、災いを避けようとする、言霊を怖れる意識が働いているからです。逆に成人して本当の名を名乗れば、その名は絶対に呼び捨てにしてはなりません。いや、そもそも口にすること自体、許されなくなるのです。

中国・朝鮮・日本を通じて、東アジア世界では、人の実名を呼ばないという風習がありました。では呼びたい時どうするかと言えば、通称や役職名をもって、これに代えるのです。中国では通称を「字」(あざな　以下アザナと表記する)といいます。中国最大の詩人李《り》白《はく》のアザナは太白《たいはく》といいます。ここで注意してほしいのは、**李白と同時代の人間は、李白**

を李太白と呼び、けっして李白とは呼ばなかったということです。

これは英語圏において、ウィリアムをウィルと呼んだり、チャールズをチャックと呼んだりするのとは全然違います。なぜなら、ふだんウィルと呼んでいるのをウィリアムと呼んでも、別に失礼でもなんでもありませんが、李太白を李白と呼べば、それは大変失礼なことになります。いや許されるべきことではないのです。これが帝王の名ともなるともっと大変。たとえば、唐の太宗皇帝の本名は李世民《りせいみん》というのですが、そのために唐は「世」と「民」の両字を使うことを禁じました。

特に「民」の字は『論語』や『孟子』など古典にもよく出てくるし、布告や記録の作成の際にも困ったはずですが、あくまでその禁令は押し通され、違反者は罰せられました。もっとも、あまりに不便なので、民衆は欠画《けっかく》という方法で切り抜けました。その字の最後の一画を省略し、不完全なままにしておくという便法です（例えば「世」は「廿」となり、「民」は「巳」となる）。

この名前の字に対する禁令を「避諱《ひき》の制」といいますが、これは唐だけの習慣ではありません。それどころか、中国でこの習慣が完全に姿を消したのは共産革命以後なのです。それまでは、李白も杜甫《とほ》も王安石《おうあんせき》も皆、この制度を厳格に守りました。そして、「公」の避諱のほかに「私」の避諱もあります。たとえば、自分の父親の名（実名）の字は一切使わない。日記や手紙の類にも絶対に使わないのです。アザナの字ならかまわないのですが。杜甫などは自分の父親の名が「閑」だったので、自分の詩に一切「閑」の字を使いませんでした。杜甫の詩の作風から見て「閑」が使えないと、かなり苦しかったはずですが、彼は厳格にこれを守りました。

西郷隆盛の実名は隆永

では日本ではどうか。日本でも名前（実名）を呼ばないという習慣は守られました。そのことは実名のことを「諱」（いみな　以下イミナと表記する）ということでも分かります。イミナは忌《い》み名《な》、でしょう。忌む、とは避ける・遠慮する・憚《はばか》ることです。明治以降、日本に本当の意味でのイミナはなくなったので、イミナというものがどういうものか、分からなくなったのかもしれません。

簡単に説明するために、江戸時代の名奉行・遠山の金さんにご登場ねがいましょう。金さん、姓は遠山、通称は金四郎、イミナは景元《かげもと》です。役職は江戸町奉行、官位は左衛門《さえもんの》尉《じょう》。つまり、遠山金四郎景元というのが彼の正式な名です。

しかし彼が生きていた時代、人からこのように呼ばれたことはまずないでしょう。まず彼と親しい人間、竹馬の友や朋輩《ほうばい》は、彼を「金四郎」あるいは「遠山」と呼びます。役所に出勤すれば「お奉行」、あるいは「遠山様」でしょう。江戸城に登城すれば「遠山左衛門尉様」、同僚ならば「左衛門尉殿」、上司からは「左衛門尉」あるいは「遠山」と呼ばれます。この場合、たとえ老中でも「景元」とは言いません。

相手が老中でも、そう呼ばれたら金さんは怒るでしょう。また怒ってもいいのです。少なくとも抗議はできます。なぜなら金さんと老中は、身分の差はあっても、同じ将軍の家臣だからです。「景元」と呼べるのは、主人である将軍か金さんの父母くらいで、あとは罪を犯して罪人になった時に呼び捨てにされることがあるかな、というくらいのものなのです。

では通常、イミナはどんな時に使うのか。公文書や系図に名を書く時。また、自分で自分のことを言う時です。つまり、人は「景元」と呼んではならないが、自ら「遠山景元つつしんで申し上げます」などと言うのはいっこうにかまいません。それから死んだ時。彼がこの世の人でなくなれば、われわれは彼を遠山景元と呼んでもいいし、むしろそう呼ぶべきなのです。ちょうどいま、李白を李太白とは呼ばないのと同じです。それが彼の正式の名なのだから、そうなるのです。

あの西郷隆盛にも、通称がありました。吉之助という。ところが明治になって名前がいくつもあるのはおかしい、統一しようということになって、ほとんどの武士がイミナを統一名として届けます。西郷も、本人が忙しいので友人たちが届け出を代行することになりましたが、その誰もが西郷のイミナを知りません。そのうちに誰かが西郷家では「隆」の一字を代々使っていることを思い出し、「隆盛じゃろう」ということになった。ところがあとでそれを聞いた西郷は「隆永《たかなが》じゃのに」と苦笑したといいます。

つまりイミナというものは、親しい友人ですら知らないことがあるのです。そしてもう一つこのエピソードで重要なのは、日本では中国の避諱《ひき》の制とはまるで反対に、先祖代々、名前の一字を受け継ぐという習俗があるということ。わかりやすい例では織田信長があります。彼の父は信秀であり、長男は信忠、孫は秀信です。全員「信」の字を使っています。これを「継名《けいめい》の制」といいます。避諱の制にせよ継名の制にせよ、名前にこめられた言霊の力を信じてのことです。

また、古代社会で女性の名が記録されないことも、実は言霊信仰に原因があります。紫式部や清少納言が単なる通称で、本名は伝えられていないことはご存じだと思います。

そのほかにも「藤原道綱《ふじわらみちつな》の母」「藤原孝標《たかすえ》の女《むすめ》」という表現もありました。進歩的歴史家や女性史研究者は、これは日本における女性差別の実例だと言っていますが、本当は違います。これはむしろ女性保護なのです。女性の名を、みだりに明かしてはならないからです。かよわい女性の実名をうっかり知らしめれば、どんな災難がふりかかるかわからない。もちろん、同時代の人間も女性のイミナを呼んだり書いたりすることは謹《つつし》んだに違いありません。そのうちに分からなくなってしまったのでしょう。この時代の女性の名で記録されているのは、皇后など皇室系図に記載された高貴な女性か、あるいは日記などに登場する下層階級の女性かのどちらかで、あとは分からないのです。

「イミナ」のタブーは生きている

明治以降、イミナは廃されました。イミナがなくなれば、われわれは気軽に人の実名を呼べるようになるはずです。

ところが、そうはなりませんでした。

イミナという言葉を消しても、言霊信仰は残っています。残っている以上、それは作用します。そして、気がついてみると、われわれはむしろ江戸時代よりもさらに、人の実名を呼ぶ機会が減ったことに気がつくのです。

たとえば、維新以前の西郷隆盛と大久保利通《としみち》には、それぞれ吉之助、一蔵《いちぞう》という通称がありました。そこで二人は友人同士でもあるから、頻繁に「吉之助」「一蔵」と呼び合ったはずです。通称というのは気軽に使えるので、さかんにこれを使ったはず。また初対面の人間も、最初は通称を知らないので「西郷さん」「大久保さん」と姓を呼んだかもしれませんが、少し親しくなれば通称のほうで呼んだはずです。つまり、イミナというものが厳格に別にあることによって、通称である名は気軽に呼べるという状態にあったのです。

ところが明治以後、イミナと通称が一つの「名」に統一されてしまった。それなのに言霊信仰は残っている。こうなると普通の名がイミナのような気がして、どうしても気軽に呼べなくなるという精神状態になります。あの西郷、大久保にしたところで、明治以後はけっして「隆盛」「利通」などとは呼び合わなかったはずです。

たとえば、ここに山本太郎という商社の課長さんがいるとしましょう。彼は家庭や会社では何と呼ばれるか。妻は「あなた」(これは本来は特定の人物を指す呼称ではない)、あるいは「パパ」「おとうさん」、子も「パパ」あるいは「とうさん」「おやじ」。会社へ行けば「課長」、同僚は「山本」、上司は「山本君」。誰も「太郎」ないし「太郎さん」なんて呼びません。

これが欧米だと、職場では役職名で呼んでも、ひとたび仕事を離れれば「タロー」「ジョン」と呼びあうことは珍しくはないのです。ですが、日本の職場で、たとえ終業後でもOLが課長のことを「太郎」と呼ぶことはまずないでしょう。愛人関係にでもあれば話は別ですが。

あるいは反論があるかもしれません。うちでは本名で呼んでいる、と。最近若いカップルの中には、「ケンジ」「ユウコ」というようにファースト・ネームで呼び合っている人もいます。ところがそういう人でも兄弟姉妹はそういう呼び方をしないはずです。「ハルコ」「ナツコ」「アキコ」という三姉妹がいたとして、一番下のアキコは二人の姉を「ハルコ」「ナツコ」と呼び捨てにするでしょうか。年子だというならともかく、一〇歳も上の姉を呼び捨てできる妹はまずいません。外国育ちなら別です。外国（特に欧米）では、兄弟姉妹が全部ファースト・ネームで呼び合います。イミナのタブーが本当になくなれば、そうなるはずなのです。

すなわち日本には、まだ「イミナ」があるのです。これも現代に言霊が生きている証拠の一つといえるのです。

また、外国との比較で言えば、外国人はよくやるのに、日本人はけっしてやらない、名前に関する習慣があります。自分のペットに、尊敬する人の名前をつけることです。

これは名前には言霊の影響が色濃くあり、犬に尊敬している人の名前を付けたがために、その名前を頻繁に呼ぶことが何となくその人に対して不敬であると思えるからでしょう。

名前ということで言えば、日本は諸外国と比べてポピュラーネームを名乗る人が異常に少ないのも特徴の一つです。伝統的な太郎、次郎といった名前の人は思いの外、少ないはずです。外国ならジョンにしろ、ポールにしろ、ジミー、ジョージにしろ、そういった、いわゆるポピュラーネームを名乗る人が少なくありません。

なぜだと思われますか？　ポピュラーネームだと、人の口に上ることが多いからです。名前のタブーがあるからこそ、そういった人がよく使う名前はできるだけ避けようとする意識が自ずと働くのでしょう。ポピュラーネームは人間に使うことは少なく、むしろペットの名前になってしまうのが日本なのです。名前一つを採《と》っても、名前には言霊が宿るから安易に名を名乗ってはいけないという国と、名前は単なる記号であるとする国では、こんなにも違うのです。

「戦乱」の物語が、なぜ『太平記』なのか

日本人は言霊の支配下にありながら、そのことにまったく気がついていません。**逆にそれに気がつくと、これまで日本史上で謎とされていた事象が、次々に解明できることに、私は気がつきました。**

その事例を一つ挙げましょう。『太平記』の話です。『太平記』は軍記物語で、文保《ぶんぽ》二年（一三一八年）から正平《しょうへい》二十二年（一三六七年）までの南北朝の抗争を扱っていて、後醍醐《ごだいご》天皇、楠木《くすのき》正成《まさしげ》、足利《あしかが》尊氏《たかうじ》、新田《にった》義貞《よしさだ》と登場人物も多彩で、非常に面白い作品です。

ところが明治になって、西欧の近代史学を学んだ学者たちが一番頭をかかえたのが、この題名でした。なぜ『太平記』なのか。これはほぼ半世紀にわたる「戦乱」の物語なのです。

かつて『太平記』の研究の第一人者萩野《はぎの》由之《よしゆき》博士は「太平記ほど世に不可思議なる書籍はあるまじきなり」として五つの不可思議を挙げました。その筆頭が「戦乱の世を描いたのに、なぜ『太平』記と名付けたのか」という謎でした。

これはホントの話。今でも史学界で謎とされています。しかし、ここまで私の説につき合ってくれた読者の皆さんにとって、もう、こんなことは謎でもなんでもないはずで、きわめて明解に説明できるはずです。

そう、もし『戦乱記』とでも名付ければ「戦乱」という言葉の霊的作用（つまり言霊）によって本当に戦乱を呼んでしまうからです。将軍の病気を「歓楽」と表現するのと同じ精神構造のなせる業《わざ》なのです。むしろ、こんなことが「謎」になってしまうような日本史学の研究方法に問題があると言っていいでしょう。もちろんこの説を採る学者もいます。しかし完全な定説とはなっていません。

たとえば「戦乱が終わり太平になったところで終わっているから」だとか、「太平にも乱を忘れず」という教訓的意味だとか、「中国の『太平広記』の『広』を取ったもの」とか、「太平を渇望する民衆の声を反映している」とか学者の間に諸説あり、いずれとも決めかねるのだそうです。本当に決めかねるのかどうか、この私の本を読み終わった時点で、ぜひとも判断を下していただきたいと思います。

言い換えて安心してしまう「悪癖」

さて、これら一連の事例を振り返って気づくことは、言霊社会では言葉の「言い換え」ということが、実に頻繁に行なわれるということです。これはなぜでしょうか。

「かく言えばかくなる」「言葉と実体（現象）はシンクロする」というのが、言霊の基本原理でした。「こう言えばこうなる」ということは、「こう言わなければこうならない」ということとでもあります。言い換えれば、「こうならないために、これを言うな」ということ。つまり実体のほうを変えなくても、それとシンクロする言葉のほうを変えてしまえば、実体のほうも変わる、ということになるのです。

しかし、実際問題として、一〇〇パーセント「こう言えばこうなる」ものでもないから、言葉のほうを変えても「こう言わなかったから、必ず、こうならない」とは言えません。言葉をいくら言い換えたところで、実体のほうは本来それと無関係に動くからです。

もっと分かりやすく言えば、「雨が降る」と言えば「雨が降る」のが言霊の世界。では絶対に「雨が降る」と口にしなければ雨は降らないのか、と言えばそうは言えない。雨というのは言霊や言挙げとは無関係に、気圧の変化で降ることは前にも述べた通りです。

ところが、言霊の支配下にある日本人は、言葉と実体の間に相関関係があることを信じています。そこで実体を改革するのに何らかの困難や不都合がある時、言葉のほうだけを言い換えることによって、実体を改革したような気になって、安心してしまうという悪い性癖があるのです。

つまり、言葉をいじることによって何となくごまかし、ごまかされてしまうのです。たとえば料金値上げを「改定」と言ってみたり、全滅を「玉砕」、敗戦を「終戦」と言う。侵略を「進出」と言い換えた、言い換えていない、という議論がかつてありましたが、そのことで政府を非難した新聞社さえ、自分のところの購読料については「値上げ」と言わず「改定」と言う。なぜ値上げと言わないのか。改定と言えば、それは値下げの場合も含むのですから正確な用語ではありません。ジャーナリストとしては使うべきではないでしょう。

少なくとも、一方で「終戦」や「進出」はごまかしだから使うべきではないと主張しておきながら、自分のところの問題に関しては勝手に言い換えをするというのでは、ジャーナリストとしての一貫性に問題があります。べつに特定のマスコミを非難しているわけではありません。あえて言うなら、日本のマスコミはすべてそうなのです。

「事変」という重大なゴマカシ

時の権力者は、往々にしてゴマカシを行ないます。その中で最も重大なゴマカシは、昭和初期から始まった日本の中国大陸侵略を「事変」と呼んだことでしょう。満洲《まんしゅう》事変《じへん》、支《し》那《な》事変《じへん》などは、すべて日本軍が中国軍に対して行なった明白な戦闘行為（侵略）です。にもかかわらず、軍部はこれを「事変」と呼び、政府もこれを追認しました。「事変」とは何か。辞書をひくと「1．天災・地異などの変わったできごと　2．警察力で鎮圧できない騒乱　3．宣戦布告のない国家間の戦闘行為（日本語大辞典　講談社刊）とあります。この場合は、もちろん3．です。しかし大正期の辞典を見ると「事変」にはそんな意味はなく、大槻文彦《おおつきふみひこ》の『言海』では「変事に同じ」とあり、無論「変事」にも「事変」のような意味はありません。

これは軍部の造語でしょう。滑稽《こっけい》なことに、戦闘をした軍部ですら、「侵略」とか「戦争」とかいうダイレクトな言葉は使いたがりません。ジャーナリズムですら「値上げ」を「改定」と言いたがるのです。

このことは歴史教育にも影を落としています。この一連の中国に対する戦闘行為を何と呼ぶべきか。基本的には「日中戦争」とすればいいかもしれない。宣戦布告をしようがしまいが、それを軍部がどう強弁しようが、まぎれもなくそれは戦争であるからです。しかし、ここで大きなことは、これが実質的に戦争であるからといって、「支那事変」という言葉自体を史書から抹殺するのは、いただけません。当時の人間がこの戦争を「支那事変」と呼んだのはまぎれもない事実ですから、事実は事実として教えるべきでしょう。そのうえで実質はどうだったのかも詳しく教える。それが本当の歴史教育なのです。

「支那事変」という言葉を抹殺してしまえば、「1.」この戦争は、宣戦布告なしに行なわれたこと「2.」軍部は戦争でありながら、それを事変とゴマカシたこと「3.」当時日本は中国を「支那」と呼んでいたこと等々、歴史上重大な事実が消されてしまいます。あるいは「支那」とは差別語であるから、使うべきでないという人もいるかもしれません。

少なくとも歴史教育の場においては、過去に使われた言葉を抹殺してはならないのです。それは、やはり言い換えによるゴマカシなのですから。事実は事実として教え、そのうえで、それがどういう意味なのか、いま使ってもいい言葉なのかどうか教えればいいのです。それをしない限り、また同じ過ちを繰り返すことになるでしょう。

日本人が「支那」を使った理由

ついでに言っておけば「支那」は、もともと差別語ではないのです。「支那」とは「中国僧侶による梵語《ぼんご》（古代サンスクリット語）の音訳（「国史大辞典」吉川弘文館刊）であり、英語のChinaと基本的には同じものです。この言葉自体には（もともと中国人が作ったものですから）差別的意味などあろうはずもない。「中国人が支那なる文字を日本人の創造した蔑称《べっしょう》であると考えるなら、それはまったく根拠のない誤解」（同大辞典）なのですね。

これに対して、『魏志倭人伝《ぎしわじんでん》』に出てくる「倭」あるいは「倭人」という言葉は、漢和辞典を引けばおわかりのように「醜《みにく》い」という意味があり、明確な差別語である点で、対照的です。ただし「支那」そのものは差別語ではないが、これを日本人が差別的に使ったことも歴史上の事実です。

どういうことかと言えば、支那事変当時の中国は、正式には中華民国（略称中国）であり、たとえばアメリカやイギリスなど、漢字を使用しない国ならChina と呼んでもかまわないでしょうが、同じ漢字を使用する国なら、やはり「中国」と呼んでしかるべきだったからです。しかし日本は、古い蔵の中から引っ張り出してきたような「支那」をことさらに使った。なぜかと言えば、それは中華思想に対する反発であったからに違いありません。

中華思想は、現代でも中国を理解するための基本概念であるので、少し解説を加えておきましょう。

そもそも中国とはどういう意味か。「いろいろな国がある中で、中央の素晴らしい国という意味だ」と考えている人がいたらそれは間違いです。中華思想の場合、諸外国というのを認めません。**つまり中国だけが国であり、あとは周辺地域なのです。**どうしても国として認めてほしければ、中国に対して跪《ひざまず》き、貢物を捧げるしかない。そうすれば中国皇帝は、あくまで中国の一部としてだが、国として認めてくれる。邪馬台国の卑弥呼《ひみこ》が魏《ぎ》に朝貢し「親魏倭王《しんぎわおう》」という称号を貰《もら》ったのも、そういう意味があるのです。

しかし、これはあまりにも中国中心の傲慢《ごうまん》で独善的な考え方であるので、当然それに対する反発も生まれます。その結果として、古代から日本民族には中華思想への反感が底流として存在するようになりました。それが聖徳太子の「日出《い》ずるところの天子、書を日没するところの天子に致す」という「無礼」な国書になったり、日本国王ではなく「天皇」という称号を名乗ったり、また中国と呼ばず、あえて支那と呼ぶという態度につながっていきます。一言で言えば、中国への対等意識です。

確かに中華思想を信奉すればするほど、自らを宇宙の中心と考え、他から学ぼうとする気がなくなり、反省もしなくなる。現代中国への諸外国の反感の原因が、中華思想にあることは識者が誰しも指摘するところでしょう。だからといって、彼らが自分たちで決めた国号をないがしろにして支那と呼ぶべきではありません。たとえ支那という言葉自体に差別的ニュアンスがないにしてもです。

それなのに戦前の日本人は、ことさらに支那を使った。日本人が「支那」を差別的に使ったというのは、そういう意味なのです。そして差別的に使ったからこそ、これを「日本人の創造した蔑称」だと、いまだに「誤解」している中国人もいる、というわけなのです。支那という言葉一つとっても、これだけの歴史があり、学ぶべきことは多いと思います。これを、たとえば「中国人が気を悪くするから」とか「日中友好のため」だとか言って安易に消してしまえば、以上のような歴史も消されてしまうのです。

「唐入《からい》り」と呼ばれた秀吉の「朝鮮侵略」

同じことが朝鮮半島との関係についても言えます。豊臣秀吉の「朝鮮侵略」を歴史として教える場合、なんと呼ぶべきか。確かに実質は朝鮮侵略であることは、まぎれもない事実であり、解説としてはそれでいいでしょう。

しかし問題は、当時の人がそれをどう呼んでいたかにあります。つまり「支那事変」にあたる言葉です。これが、驚くほど知られていない。侵略は侵略なんだから、そんなことどうでもいいとは言えません。私はこの「侵略」が、当時何と呼ばれていたかを思い出すたびに憂鬱《ゆううつ》になるのです。いったい何と呼んだのか。

答えは「唐入《からい》り」です。何という空疎で欺瞞《ぎまん》に満ちた言葉でしょう。もちろん「唐」は中国（当時は明《みん》）であり、「入り」は「はいる」、つまり「進出」という意味はあっても「侵略」

の意味はない。つまり「事変」とまったく同じ使い方なのです。中世と近代に行なわれた二つの大陸侵攻、その二つともが、当時ゴマカシ的言葉で呼ばれたことは、日本人の歴史的性格を考える上で、きわめて重大な事実です。

そしてこの「唐入り」という言葉は、もう一つの重大な歴史的事実を教えてくれます。もともと秀吉は中国本土を侵略するのが目的で、朝鮮は単なる通過点だったということです。このことから当然引き出される結論は、その中国本土に手を触れえなかった秀吉の「唐入り」は、完全な失敗だったということです。これが「朝鮮侵略」という名称だけで呼ばれ「唐入り」のほうが教科書から抹殺されてしまうと、この失敗という歴史的事実が明確でなくなってしまいます。朝鮮の侵略だけが当初からの目的であり、半島の一部占領などにより、ある程度の成功を収めたかのように錯覚されてしまうのです。

この錯覚を意識的に利用したのが戦前の軍部なのです。だから彼らは、これを「朝鮮征《せい》伐《ばつ》」と呼ばせました。いまでも中高年の人の中には、秀吉の朝鮮侵攻が少なくとも当初は成功したと思っている人が多いのではないでしょうか。それは正しくありません。**あれは「中国占領計画」であり、その意味では完全な失敗なのです。**計画性のなさ、補給の無視、司令部の意味不明な誇大妄想的スローガン、そして緒戦の勝利に対する過大な評価など、それから三〇〇年あまり後に起こった「事変」に、あまりにも似ていると思いませんか。**なぜ同じ過ちを繰り返すかと言えば、それは歴史を正しく教えないからです。**歴史を正しく教えるためには、勝手に言葉を言い換えたりしないことです。いかにそれが差別語であろうと死語であろうと、当時使われていたならきちんと教え、併《あわ》せてその意味や背景を正しく教えればいいわけです。そうしなければ、結局歴史を欺瞞《ぎまん》し、自らも欺瞞することになるのです。

「帰化人」を「渡来人」と言い換えるマヤカシ

朝鮮半島と日本の関係で、実例をもうひとつ挙げておきましょう。かつて使われていた「帰化人」という言葉は「渡来人」と言い換えるのが、今は常識となっています。

けれども、帰化人とは「主として古代に海外から渡来してわが国に住みついた者を、その子孫を含めていう語」(国史大辞典)であり、「歴史的に特に大きな意味をもったのは九世紀ころまでだったので、帰化人といえば普通はそのころまでの人々を指すことになってい る」(同)。つまり、あくまで歴史用語であり、本質的には「支那事変」や「唐入り」と同じものです。これを「渡来人」となぜ言い換えるのか。言い換えては不正確になってしまいます。帰化人とは「渡来して住みついた」人を言うのです。渡来人と言ったのでは、また帰ってしまうかもしれないし、住みついたという意味が消えてしまうではありませんか。

では、なぜそんな言い換えをするかと言えば、理由は明らかです。「帰化」には、優れた文明の徳に服して従うという意味がある。しかし、古代においてはむしろ「帰化」する側の外国人（主に朝鮮民族であろう）のほうがよほど文明人である。したがって、そんな言葉を使うのは正確でないし、朝鮮民族に対しても失礼である。だから「渡来人」と呼ぶ――**いかにも相手の立場を考えた穏当な態度という感じがするかもしれませんが、これはやはり、歴史を教える者としては誤った態度でしょう。**

確かに「帰化」という言葉には、かつてそういう意味がありました。また古代には大陸や半島の国々より、日本ははるかに遅れていたのも事実です。それにもかかわらず、日本が「帰化」という言葉を使っていたという歴史的事実が重要なのです。これを、先ほど述べた日本の大陸に対する対等意識（というより対等願望と言うべきかもしれませんが）の現われと見てもいいし、後進文明国日本の、背伸びの表現と見てもいいでしょう。

とにかく、これは古代の一時期、日本が外国人移民をどう見ていたかという貴重な史料なのです。けっして抹殺すべきものではないのです。半島の人々に失礼になるから抹殺するというのは、礼儀と真理の探究ということを混同しています。礼儀は礼儀で別に尽くすべき所があるはずです。歴史教育の場で大切なのは、正しい用語と正しい解説であって、言葉の言い換えではないのです。

帰化人を渡来人と言い換えるのは、いわゆる皇国史観に反発し、「進歩的」な史観を唱える人に多いようです。もちろん、その心情は、かつての日本人の侵略行為を詫びる気持ちがあるのでしょう。それはいい。しかし、たとえ根底に相手に対する反省や同情や尊重があろうとも、事実をねじ曲げることには変わりない、ということを理解してほしい。そして、そうしないことが、真の歴史教育だということに目覚めてほしいのです。

言い換えによる「礼儀」をつらぬいたら、どんなにおかしなことになるか。たとえば朝鮮半島では、中世に暴れまわった日本人の海賊のことを「倭寇《わこう》」と呼んでいます。「倭」というのは明白な差別語です。では日本人の側から「倭寇」ではなく「和寇」あるいは「日本寇」と言ってくれと要求すべきなのか。要求しても、言い換えをしてくれなかったら、それは「失礼」なことなのか。無論そんなことはありません。倭は差別語だが、当時の半島ではそう呼んでいたことはまぎれもない事実です。だから、事実は事実として教えるべきなのです。それと同じく「帰化人」も言い換えすべきではないのです。

どうして、こうした言い換えが次々と起こるのか。やはり日本は、本当の意味でのリアリズムがない国なのかもしれません。なぜならリアリズムが存在するためには、まず正確な言葉（用語）が存在しなければならないのに、言霊の影響によってその最低条件が満たされていないからです。

六本あった秀吉の右手の指

言霊社会では、右も左も、保守も革新も動機の違いこそあれ、事実をねじ曲げる「言い換え」をします。その結果、歴史の事実は次々に消されゴマカされ、分からなくなってしまいます。そして、おそらく欧米の歴史では、まったく起こらないような滑稽《こっけい》なことも起こるのです。

豊臣秀吉を知っているか、と問われて、まったく知らないという人はまずいないでしょう。そして、彼の一代記である『太閤記』を小説やテレビや劇画で一度も接したことがない、という人もめったにいないはずです。

では、ここで一つの質問を出します。あなたは秀吉の右手の指は何本あったか、知っていますか。

五本というのはまちがいです。

実は六本あった。このことは、けっして私の想像や嘘いつわりではないのです。戦国時代、日本にやってきた宣教師ルイス・フロイスが残した膨大な記録『日本史』。その『日本史』の訳者で安土・桃山時代史の第一人者である松田毅一《まつだきいち》博士は、次のように書いています。

このフロイスの『日本史』の中には、こんなことはあり得ない、間違いだ、と思われることが、何度も出てきます。たとえば、豊臣秀吉が一五八七年（天正十五年）に、キリスト教の宣教師を弾圧し始めたころの記事の中に、秀吉は片手の指が六本だと書いてあるのです。私は、秀吉がキリスト教の迫害者になったために、あり得ない悪口をヨーロッパに報告していると解釈して、注釈にフロイスが感情に走って書いたのだと記してしまいました。

ところが「それはフロイスの想像ではありません。その証拠となる前田利家の『国祖遺言』という古文書が、京都大学にあります」という忠告があり、京大に見に行きました。すると、秀吉とごく親しかった前田利家《としいえ》の『国祖遺言』の中に、秀吉は子どものときに右手の親指が二本あったということが書かれています。

（『西洋との出会い（上）』大阪書籍刊）

その『国祖遺言』の原文とは次のようなものです。

一　太閤《たいこう》様ハ、右之手、おや由飛《ゆび》、一ツ、多六《おおくむつ》御《ご》座《ざ》候《そうろう》
有時《あるとき》、蒲生飛騨殿《がもうひだどの》、肥前様《ひぜんさま》、金森法印《かなもりほういん》、御三人、志由《じゅ》らくにて、
大納言様へ、御出《おんいで》、人間《ひとま》せ《ぜ》す《ず》、御居間《おいま》能《の》そ者《ば》、
四畳半敷、御《お》かこい尓《に》て、夜半迄、御咄《おはなし》候
其時《そのとき》、上様ほと《ど》の御人成《おひとなる》力《が》御若キ《おわかき》時、六つ由ひ《ゆび》ヲ御《お》きりすて候ハん事
にて候を、左《さ》なく事に候
信長公、大こう様ヲ異名《いみょう》二、六ツめ力《が》なと《ど》と御意《ぎょい》候由《よし》、
御物語共《とも》に色々御物語有之《これある》事

現代文に訳せば、次のようになるでしょう。

太閤秀吉様は、右の手の親指が、一つ多く、六本あったそうです。

ある時、蒲生氏郷《うじさと》、前田利長、金森長近の三人が、聚楽第《じゅらくだい》で、大納言様の前田利家公のもとにまいり、居間のそばの四畳半ほどの囲いの部屋で、他の人を交えず、ひっそりと夜中まで、話し合いました。

その時の話題に、上様（太閤秀吉）のような人なら、若い時に、みっともなくないように六つ指を切り捨てたほうがよかったのに、どうやら、そうしなかったようで、あとまで、六つ指を残していたようだ、ということが話し合われました。

この事は、織田信長公が、太閤様のあだなに「六つめが……」などと呼んでいた事が、色々な物語で語られているので、少なくとも、信長公の時まで、太閤様の親指が一つ多く、六つ指であった事は確かな事です。

歴史を隠す国に言論の自由はあるか

歴史学の常識として、対立する陣営が同じことを書き残している場合、それは事実であると認定することになっています。片方だけが書いたのなら、お世辞や悪口ということもありますが、この場合のように、秀吉を敵としたキリスト教会側と、秀吉と若いころからの友人で腹心の部下になった前田利家とが、まったく同じことを書いている場合は信用できます。特に、秀吉と最も親しかった武将の一人である利家が、秀吉にとってはあまり名誉でない話を語っているのだから（『国祖遺言』とは利家の回顧録）、これは真実であると考えていいのです。

しかし、このことはほとんど知られていない。たぶん、ほとんどの人が初耳でしょう。秀吉といえば、善悪はともかく日本史上最大の英雄であり、有名人であることはまちがいない。その有名人のもっとも基本的な事実について、国民のほとんどが知らないなどという国が、先進文明国の中にあるでしょうか。

秀吉の伝記を書くにしても、このことはひじょうに重要なことです。主君の信長に肉体的欠陥を蔑《さげす》まれる苦しみ、また、そうされながらもあえて六本目の指を残した強情さ。小説家としての私には無限の興趣があります。

もし、本当の秀吉伝というものを書きたいと思ったなら、この事実は避けては通れません。たとえばヘレン・ケラーの伝記を書くのに、彼女が障害者であることを隠したら何の意味もなくなります。また座頭市を書くのに「どめくら」というセリフを消してしまえば、その人間像をきちんと書いたとは言えません。

では、私がたとえば『新秀吉伝　六本指の男』を書きたいと言えば、どうなるでしょう。いや、実際そう申し入れたこともあるのですが、すべて断られました。理由は言うまでもありません。

その国の史上で最も著名な人物について、その事実に基づく小説すら書けないのが日本の現状なのです。

歴史を隠す、ごまかす、という態度は、行きつけばここまで行きつくのです。

こういう世界に、言論の自由があるか、そして、その言論の自由に支えられた真の民主主義があるか、答えは、これまた言うまでもないことでしょう。

第三章

戦争と言霊

―恐ろしい「言霊の反作用」―

（1）不愉快な予測を受けつけない日本人

開戦一七年前の太平洋戦争予測記事

「中国における権益問題でアメリカと対立した日本政府は、内政に対する国民の不満をそらす意図もあって、対米開戦を決意する。開戦当初、日本はアメリカより海軍力においてやや優位にあり、その優位を維持し戦局を有利に展開しようと、海軍はフィリピンに奇襲攻撃をかけマニラを占領し、西太平洋の制海権を握る。しかし、生産力に優るアメリカが海上封鎖による持久戦法をとり、中ソ両国も反日に転じ、戦局は逆転する。そして艦隊主力をもって行なわれたヤップ島沖海戦でも日本は敗北し、アメリカはグァム島など南洋の島々を次々に占領し、日本側守備隊は全滅する。さらにマニラも奪い返される。この間、ソビエトは樺太《からふと》に侵攻、これを占領し、中国軍は南満洲を支配下におく。

ついに内閣は総辞職するなか、アメリカの爆撃機が東京上空に襲来し、爆弾を投下する。ここにいたって日本は、アメリカ側の講和勧告を受諾し、戦争は終結する」

これは、昭和十六年（一九四一年）から昭和二十年（一九四五年）までの間に、この国で実際に起こったことである——もしそう言えば、おそらくあちこちで抗議の声が上がることでしょう。事実が違っている、と。

特に傍点をつけたところがおかしい。日米開戦にあたって日本海軍が奇襲をかけたのはハワイであってフィリピンではない、とか。艦隊決戦が行なわれたのはミッドウェーやレイテ沖であって、ヤップ島沖ではない、とか。アメリカ（正確には連合国側）が行なったのは降伏勧告であって講和勧告ではない、とか。さらに史実に詳しい人なら、ソビエトが侵攻したのは樺太（現・サハリン）だけではないなど、気になる点がいくつもあるはずです。しかし大筋においては、まちがっていないことも認めざるをえないのではないでしょうか。

実は、これは予言なのです。いやけっして非科学的なものではありません。より正確に言うならば、シミュレーションの手法を用いた未来予測なのです。問題はこの未来予測が発表された時期です。なんと、太平洋戦争開戦の昭和十六年よりも一七年も前の、大正十三年（一九二四年）に発表されているのです。

大正十三年というと、関東大震災の翌年であり、日米関係でいえば、米国議会で日本人移民を禁止する移民法が可決され、ようやく日米対立のきざしが見え始めたころです。第一次世界大戦からは一〇年ほど経過しています。しかし、大恐慌（昭和四年）はまだだし、ロンドン軍縮会議（昭和五年）もまだ、満洲事変（昭和六年）もまだだから、満洲国もできていないし、当然「一五年戦争」も始まっていません。

それどころかこの年には、幣原喜重郎《しではらきじゅうろう》が外務大臣に就任し、以後日本政府は「協調外交」（幣原外交）路線を採ることになります。その内容は、主力艦建造の比率等において英米に譲り（これが右翼・軍部から軟弱外交との批判を招いた）、社会主義の政体であるためこれまで承認していなかったソビエトを国と認め、外交関係を樹立する、というものでした。いわば「全方位外交」であり「軍縮路線」でもありました。こんな空気の中で、この未来予測は発表されているのです。

予測者はイギリスのヘクター・C・バイウォーターという元海軍情報機関員であり、軍事評論家です。その発表の意図は必ずしも明確ではありませんが、予測の内容がきわめて正確であったことは歴史が証明しています。彼の世界戦略の分析は単なるエンタテインメントを超える迫力を持っています。日本軍がフィリピンからグァムへ快進撃を続けるものの、米軍の飛び石伝いの反撃で後退を余儀なくされるというあたり、真に迫っています。

ソ連侵攻を匂わせてもいます。ところが、私の知る限り、この予測はあまり「有名」ではありません。歴史に詳しい人、戦争中実戦に参加した人でも、この予測のことを聞くと知らない人が多い、いやほとんど知らないのです。（この本『太平洋大海戦』は一九九四年にワニブックスで復刊されました）

なぜ、予測を冷静に受け取らないのか

では、この予測は英米の一部でひっそりと発表され、日本では注目されなかったのか。とんでもない。ただちに数種の翻訳が出版され、ベストセラーになったのです。ということは、多くの国民・軍関係者にも読まれたということです。それなのに、なぜこの予測は記憶されていないのでしょうか。もし、私が「平和教育」をするために歴史の教科書を書くとしたら、まずこの予測から始めます。大正十三年の時点で、これだけ正確に予測され、しかも広く知られていたのに、なぜ戦争の勃発《ぼっぱつ》を防ぐことが出来なかったのか。

国家のダイナミズムというものは、そう簡単に変えることのできるものではない、という反論もあるでしょう。しかし、それならば、戦争突入が不可避の運命であると意識されればされるほど、その推移を正確に予測した人も、その内容も、深く記憶されていいはず

です。だが実際はその正反対。どうしてこの予測は、日本人の記憶の中から消えてしまったのか。

本書の熱心な読者はもうお分かりのことと思います。もちろん言霊のせいなのです。詳しく説明する必要もないかもしれませんが、確認のために述べておきます。

そもそも予測というものは、それが正確なデータに基づいて的確な手段で行なわれたものならば、本来、中立・公平・無色なものであるはずです。それが誰によって発表されようとも、その本人や所属する国家・団体の利害とは関係ないはずですね。もちろん敵に過ちを犯させるために、わざわざ偽りの情報を流すということはあります。しかし、いわゆる専門家が的確な手段によって行なった予測を、そういった撹乱《かくらん》情報と混同してはなりません。

そして、このバイウォーター予測について言えば、その予測がきわめて正確・妥当なものだったことは歴史が証明しています。しかし、これが日本へ伝えられた時、たちまち起こったのは朝野を挙げての反発でした。この予測を冷静に検討し、もし「日米未来戦」が起こる危険性があるとすれば、それを回避すべく対策を立てるべきだ、という反応はありませんでした。少なくとも主流にはならなかった。

むしろ「日米未来戦」ブームが起こり、その内容は徐々に「日本がアメリカに負けるはずがない」との内容に統一されていきました。中には「このまま戦いを始めれば日本は負ける」という良心的な予測を発表する人もいましたが、それも結局、無視されるか、「だから軍備をさらに増強しなければならない」という意見の補強材料にされてしまいました。

予測が予測として冷静に受け取られないのはなぜか。**言うまでもなく言霊の支配する世界では「かく言えばかくなる」ゆえに、予測だろうが資料だろうが意見だろうが、全部「そうなることを望んでいる」と解釈されてしまうからです。**バイウォーターは「日本の敗北（正確には屈辱的講和）を望んだ」と受け取られ、そう受け取られたからこそ、朝野を挙げての反発が起こったのです。

これでは冷静な検討どころではありません。うっかり「バイウォーター氏の見方には学ぶべき点が大いにあります」などと言ったら、非国民にされてしまう。そして、バイウォーターの見方を否定する形で「日米未来戦ブーム」が起こったのです。昭和一ケタの少国民（少年少女のことだが、戦時中は非常時ということで、このように言い換えた）や軍国少年が接した、これに関する小説類や展覧会（当時デパートなどでよく催された）には、ほとんどがこのバイウォーター予測に対する反発が底流にあったのです。デパートなどが海軍省後援で展覧会を開く場合、「日本が負ける」という結論になるものをやるはずがありません。それゆえ公平な予測ではなく「誤った予断を与える情報」になってしまい、それによって青少年が「洗脳」されるという、とんでもない結果になってしまったのです。

「不愉快な」予測に対する日本人的反応

いま手元に『バイウォーター太平洋戦争と其《その》批判』（大正十五年、文明協会刊）という訳本があります。これは、小説仕立てになっているバイウォーターの原著を全訳したうえで、「そんなことは有り得ない」と長文の批判を訳者（海軍少佐・石丸藤太）が付け加え、一冊の本にして刊行したものです。この訳者序を読むと、なかなか面白い。こういう「不愉快な」予測をぶつけられた場合の日本人の、典型的な反応がよく出ているからです。要約して紹介しましょう。

まず内容に対する反論に入る前に、石丸はバイウォーターの国籍を問題にしています。すなわち著者はイギリス人であるがゆえに、「排日的言動を弄《ろう》し、米国の民衆に向《むか》いて排日熱を扇動し、日米の離間を策しつつ、英国をして漁夫の利を占めんとせしむる」（原文は旧かな）と決めつけているのです。

そして、内容についても以下のように反論しています。

1.「日本を不利ならしめんとして、開戦の原因および動機を誣《し》い、国内に於《お》ける不穏分子を扇動し、また国外に於《お》ける善隣国との関係を悪化せしめんとして」いる。

2.「米国を有利ならしめるが為《た》め無暴なる作戦の実例を示して米人を警醒《けいせい》し、また日本が採ることあるべき作戦を指摘して」米国人が参考になるよう論述している。

3.「米国の富力財力物力の無尽蔵なるを力説して、日本の到底米国の敵にあらざるを日本国民に知らしめ」「日本人をして日米戦争の無益なるを知らしめん」としている。

「気にくわない」予測は頭から否定する

このバイウォーター予測に対する石丸の反論に、さらに反論してみましょう。

第一に、相手がイギリス人だからといって、必ずしもイギリスの国益に沿う行動をするとは限りません。それは軍人や情報部員でもそうです。どんな国にも内紛はあり、反体制派もいる。少なくとも日露戦争の時は、軍部にもそれを利用するというセンスがあった。別の言葉で言うならリアリズムです。それが欠如しているのです。

また「1.」で、開戦の原因および動機を「誣《し》いる（事実を曲げる）」と言っていますが、バイウォーターは中国における日米の利権争いが、戦争のきっかけになると言っているのであって、この分析はひじょうに正確です。実際の戦争も、中国を支配下に置こうとした日本に対して、アメリカが「中国から完全に手を引け」という最後通牒《つうちょう》（ハル・ノート）を突きつけたことが、開戦のきっかけになりました。だから、この石丸反論は誤りであると言ってもいいでしょう。

「2.」については反論を述べるまでもない。こういう色メガネで見られてはどうしようもありません。ただ言霊列島日本では、専門家が何の私心もなく発表しても「××に有利なように書いたのだろう」とか「あれは○○人だから○○国の利益のために発表したのだろう」というふうに、見られがちなことは、記憶しておいてもいいかもしれません。

「3.」についても、当時のアメリカが「無尽蔵」といえるほどの国力を有していたのは、歴史的事実です。当時はGNPなどの指標はありませんが、粗鋼生産量等を比較して考えれば、おそらく二〇対一ぐらいの差はあったのではないか。もちろん日本のほうが一です。戦争をするもしないも、すべての計算はここから始めなければなりません。それを、その事実を正確に指摘されたこと自体を非難し、「日米戦争の無益なるを知らしめん」との「謀略」だと解していては、どうしようもないのです。「予測」を「資料」として、将来の参考にするという態度はのぞむべくもありません。

どうして石丸は、というより日本人は、バイウォーターの予測にかくもムキになって反論したのでしょうか。それは、結論が気に食わないからです。この結論は「日本がアメリカに屈服し、屈辱的な講和を強《し》いられる」ということですから。そして言霊の支配下にある国では「かく予測すればかくなる」ことになってしまうので、そういう予測は頭から否定しなければならなくなります。それが正確なデータに基づいた妥当な予測であっても、結論が日本人にとってマイナスならば、頭から否定されることになるのです。

そうなると、その予測の基礎になっている正確なデータも、「嘘」か「誇張」か「事実だが無視してもいい些細なこと」としなければ辻褄《つじつま》が合わなくなる。典型的なのが「3．」の例で、「アメリカの物力は無尽蔵」という事実に対し、「そんなことはない」とか「それほどのことはない」とか「確かに物力は凄いが、決め手は精神力だ」といった論議にすりかえられてしまうのです。

マイナス予測は日本人の良心に反する

これが、どんなに致命的なことかは、お分かりになるでしょうか。

もちろんこれは、「戦前の人間はバカだったのだ」と言えば済んでしまう問題ではありません。前章で述べた敵性語追放と同じ根っこを持ったもので、**日本では、結果がマイナスとなる予測を発表することができないのです。**専門的知識を持つスタッフが、科学的論理的にデータを分析した結果、ある予測が出たとします。それが成功・繁栄を示すプラスの予測ならば歓迎される。しかし、失敗・破滅の予測ならば、発表自体がむずかしい。仮に発表しても非論理的な反発を食い、スタッフは何か下心があるのだろうと勘ぐられ、データの客観性すら否定されるのです。

最悪の場合、そのマイナスの予測に対する反発のほうが世論の支持を得て、マイナスをプラスに転ずる方策が何一つ講じられないまま、結局マイナスの予測が実現してしまうことになります。

この説明では分かりにくいかもしれないので具体的に言いますと、「このまま戦えばアメリカに負ける」というマイナスの予測が発表されると、言霊の作用によって反発が起こり、「いや絶対に勝てる」という世論のほうが強くなり、そのことによって負けないための対策が真剣に講じられなくなるのです。その結果、本当に「負けてしまう（最初のマイナス予測が実現する）」ことになる……。

「言霊反作用の法則」

マイナスの予測というものは、本来は「将来の危機を避けるための最も有効な資料」であるべきものです。ところが、言霊の世界ではむしろそれが「将来の危険を招く」ほうへ働いてしまうのです。これを「マイナス予測における言霊反作用の法則」と呼びましょうか。

おそらく企業でも国家でも、この現象はいまだに起きているはずです。たとえば、企業の一員が「わが社はこのままでは倒産する」という予測を、正確なデータに基づいて出した、としましょう。ところが経営陣は「そんなはずはない」と受け付けようとしない。あげくに「そんなデータは信用できん」ということになり、予測を出した人間が「弾圧され」、誰一人有効な手を打たないうちに、本当に「倒産してしまった」という事態も、今日なおありうるでしょう。

企業ならまだいいのですが、これが日本国家の将来にかかわることだったらどうか。困ったことにこういう大事になればなるほど、「言霊反作用の法則」はより強く作用します。国家の大事であればあるほど、世論の反発も強くなるし、多くの人が「マジメ」に考えるようになるからです。誤解しないでほしいのですが、**言霊の世界で、より「マジメ」に考え**

るということは、結局「縁起でもないこと」を省《はぶ》いた「祝詞《のりと》」を作るという作業に熱中するということなのです。それも困ったことに、親切で優しくて良心的な人ほど、そうなってしまう。

これも、分かりやすいように具体的に言いましょう。

たとえば、仮に、これはあくまで仮にですが、「このままいけば日本の農業は滅亡する」という予測が出されたとしましょう。早トチリの人がいるといけないので、もう一度言いますが、これはあくまで仮の話です。しかし、このような予測が発表されれば（それがいかに正確なデータに基づいた的確な予測であっても）、世論の大反発を食らいます。なぜなら、言霊社会において「滅亡する」は「滅亡することを祈った」ことになってしまうからです。

農業問題のような、国家の根幹にかかわる問題であればあるほど、世論も大きく反応することになるので反発も大きくなる。そして「農業は滅びるはずがない」という世論が強固に醸成され、その結果として真に必要な「滅亡への対策」がなおざりにされ、とどのつまり、本当に「滅亡してしまう」ということになりかねません。

これを予測作成者の側から見ると、「農業は滅亡する」という結論が出ても、それを発表するのはためらわれます。反発を食いたくないということも無論ですが、言霊の世界では発表すればその実現を祈ることになるので、余計ためらわれるのです。

科学者やジャーナリストにとっての良心とは、情報や分析を色をつけずに発表することですが、それと日本人の良心とはかなり違っています。日本人の良心とは、言霊に忠実なことなのです。特にマイナス予測の場合はそうなります。

言霊を信じている人間にとって、マイナス予測をそのまま発表することは、そのマイナスが実現するよう言挙げしたことになってしまいます。だから、少しぼかしたり論点をすりかえたりして、発表することになる。日本人的に「親切で」「優しく」「良心的な」人ほどそうしてしまうのです。だから余計まずい。

もし、日本が今後再び破滅の道を歩むとしたら、それはこの「言霊反作用」を克服できなかった時でしょう。バラ色の未来しか予測できない時は、まだいい。しかし、マイナスの未来が予測される時は、この「法則」によってマイナスが促進されるという結果になってしまうからです。

日本人的員数《いんずう》主義とは何か

員数《いんずう》主義とは聞きなれない言葉かもしれませんが、ただの「員数」なら辞書にも出ています。「数」または「一定の数」のことです。員も数も「かず」を意味する漢字です。では員数主義とは何かといえばその命名者である評論家の山本七平《やまもとしちへい》氏によれば「『数さえ合えばそれでよい』が、基本的態度」の「その内実はまったく問わないという形式主義」のことです。日本軍は、この員数主義に骨の髄《ずい》まで侵されていました。具体例を山本氏の『一下級将校の見た帝国陸軍』（朝日新聞社刊）から引用すると。

「紛失《なくなり》ました」という言葉は日本軍にはない。この言葉を口にした瞬間、「バカヤロー、員数をつけてこい」という言葉が、ビンタとともにはねかえってくる。紛失すれば「員数をつけてくる」すなわち盗んでくるのである…（中略）…いわば「盗みをしても数だけは合わせろ」で、この盗みは公然の秘密であった。…（中略）…これは結局、外面的に辻褄《つじつま》が合ってさえいればよく、それを合わすための手段は問わないし、その内実が「無」すなわち廃品による数合わせであってもよいということである。

蛇足ながら付け加えれば、盗みをして数を合わせるのは検査の時だけでいいのです。ということは、**実際に兵器や備品の数が足りなくてもかまわないということです。**それどころか実際には、役に立たない物でも数のうちに入れていました。

この員数主義が高じてくると、一雨降れば使用に耐えぬ飛行場が、参謀本部の地図に立派な飛行場として記されたり、何一つ役に立たない要塞《ようさい》が完成したと報告されたりするのです。そしてそういうインチキは、アメリカ軍という「実数」の軍隊に次々に粉砕されていきます。日本軍の敗北とは、参謀本部の「員数」作戦と、それに対応する現場の員数報告による虚構の世界が、アメリカという「員数」のない国の軍隊によって破壊されたことだというのが、山本氏の認識なのでした。

この認識は正しいと思います。そしてこれは、帝国陸軍だけの話ではありません。員数主義は今も生きています。国会の「員数答弁」、帳簿さえ辻褄が合っていればいいという粉飾決算――員数主義においては右も左も関係ないのです。革新団体の集会でも、動員数の水増しという「員数報告」が行なわれているのを誰もが知っています。警察側発表で数万人、主催者側の発表で十数万人という例は少しも珍しくない。**政府の「粉飾決算」を糾弾するデモの参加者が、主催者側によって「員数報告」されるという滑稽《こっけい》な事態すらありえます。**いや、すでにあるでしょう。

これら山本氏の指摘に対し、私なりに、どうして員数主義が生まれるのかという分析をしてみましょう。

言うまでもなく、それは言霊の作用なのです。「かく言えばかくなる」というのが言霊の基本作用であり、逆に「かくなるようにかく言う」のが言挙げという作業ですから、それの応用で「（何かが）あると言えば、（実体はなくても）ある（とする）」というのが員数主義ということになります。これは、言葉と実体がシンクロするという言霊の基本原理の一変型であることは、お分かりになると思います。

言葉には実体が必ず伴うという信仰があるからこそ、言葉（あるいは帳簿・報告など言葉に準ずるものも含む）があればそれでいい。形式さえ、数さえ辻褄が合えば、それに対応する実体が存在しなくても「存在」することにしてしまう。いや、そう信じるということなのです。「存在するものに名辞《めいじ》あり」というのがリアリズムの世界ですが、言霊という反リアリズムの世界では「名辞あれば存在する」となるわけです。

これが員数主義の実体です。これはインチキでありゴマカシであるのですが、日本人はこれに対して罪悪感を抱きません。「どこでもやっていること」だし、日本人なら幼いころから「形式さえ整っていればオーケー」という教育を、知らず識《し》らずのうちに受けています。それは、もちろん言霊の影響であり、それが社会に員数主義を生み出すことになるのです。

一生懸命ならばゴマカシも許される

先に述べたように、日本人の良心とは言霊に忠実なことであり、物事を正しくあからさまに表現することではありません。だから員数主義を、ゴマカシと叫ぶことすら抵抗があるような心理状態になるのです。それどころか、良心に従って員数主義を行なうケースすらあります。たとえば**「これは政府の悪を追及する集会である。にもかかわらず参加者は少ない。だから水増しして発表しておこう。それは結局、社会のためになることだから許される」**というような論理です。

これに対し、「それは虚偽ではないか、悪を追及する大会を〝ゴマカシ〟という悪で汚してはいけない」などと反論したらどうなるか。「おまえは政府の味方か、みんなが一生懸命やっているのに、どうして余計なことを言うのか」と非難されるのがオチではないでしょうか。

この「一生懸命」というのも一つのキーワードでしょう。**一生懸命やっていれば、実際にはゴマカシでも許される。**もちろん熱心な詐欺師なら許されるという意味ではなく、当事者が良心に従って行なえば、内実は員数主義でも許されるということだからです。

それゆえ日本は、右も左も保守も革新もこの点ではまったく同じで、革新勢力が政権を取っても「粉飾決算」も「員数答弁」も絶対になくなりません。ただその中味が、政党の好みによって変わるぐらいの変化しか期待できないのです。

この形式主義の極地ともいうべき員数主義が、さらに発展すると、「名辞あれば（実体がなくても）存在する」どころか、「（実体があるのに）名辞をなくせば、存在もなくなる」という恐るべき結果が生まれることになります。

これこそ反リアリズムの究極の形かもしれません。自己の信条や思想にかかわらず、現実に存在するものは存在すると認めるのがリアリズムです。これは、きわめて当たり前の話。ところが日本ではしばしば、この当たり前のことが当たり前でなくなる。

その極端な例が冒頭に採《と》りあげた帝国陸軍で、「アメリカの軍事力、強大な経済力」は無視（ないと思えば実際になくなる）し、「自軍の実力や軍備」については、員数主義（名目上存在すれば存在する）を採りました。これで戦争を始めればどうなるか。負けるのは決まりきった話ではないでしょうか。

これが自分とまったく関係ない昔の話なら、「あいつらバカだなあ」で済むのですが、言霊も員数主義も、今現在続いているのです。軍国主義者であろうとなかろうと、軍隊というのは最もリアリズムでなければいけない組織です。それは誰しも認めざるを得ないでしょう。敵の実力は無視し、自分の実力は員数評価をするというのではどうしようもない。もっともリアリズムを採るべき軍隊がそうなら、他の組織は皆そうなってしまうはずなのです。

どうしてこうなるのか。もちろんそれは言霊の作用なのですが、具体的にはいつごろから始まったのでしょうか。その淵源《えんげん》は、はるか古代にさかのぼると思われますが、少なくとも柿本人麻呂が「日本は言霊の国だ」という歌を詠んだ飛鳥時代には、広く言霊の力が意識されていたのです。

(2)「日本的員数《いんずう》主義」の原点をたどる

歌は天地をも動かせる

『古今和歌集』といえば十世紀初頭に、ときの醍醐《だいご》天皇の命令で編纂《へんさん》された「勅撰《ちょくせん》」和歌集の第一集です。これ以後、十五世紀の『新続古今和歌集』まで勅撰和歌集は二一冊を数えます。別名「二十一代集」というのも、このため。歴代の帝王がこれほど熱心に歌集《アンソロジー》を編《あ》ませたのはなぜか。「これは日本文学史の一大特徴である」と丸谷才一《まるやさいいち》氏は指摘しました。

私なりにその謎に挑戦すると、それを解く鍵は、第一集の『古今和歌集』の仮名序《かなじょ》（カナ書きの序文）にあると思われます。

力をいれずして、天地《あめつち》をうごかし、目に見えぬ鬼神をもあはれとおもはせ、男女のなかもやはらげ、たけきもののふの心をもなぐさむるは歌なり。

紀貫之《きのつらゆき》の手になる序文の有名な一節ですね。歌は力を入れなくても天地を動かし、鬼神（死者の霊や神々）をも感動させるというものですが、この「天地を動かし」というのは、いくらなんでもオーバーだと思う人がほとんどでしょう。現在発行されている『古今和歌集』の通訳書も、たとえば「天地」を「天地の神々」の意味だと注を入れるなど、できるだけ即物的な解釈を避けようとしているかのように見えます。しかし、私はこれこそ現代と過去を混同し、一〇〇〇年の時間の差を無視した大きな誤りで、天地は文字どおり天と地を意味すると考えるのが正しいと思うのです。

「じゃあ、歌の力でホントに天地が動かせるの？」と嘲笑が返ってきそうですが、ここで言霊の基本原理を思い出してほしいのです。言霊の世界では、「雨が降ればいいのに」と言えば「雨が降る」のです。もちろん科学的にはそんなことはありえない。雨は気圧の変化で起こることで、一個人が何を口にしようと本来関係ないことです。それにもかかわらず「おまえがそんなことを言うから雨が降ったじゃないか」という非難を受ける。二十一世紀に入って二十年以上過ぎたこの時代に、です。

だったら一〇〇〇年前はどうだったか、今より何十倍も何百倍もそうでしょう。たとえば地震、台風、落雷、あるいは虹、霧、雨。これらは全部、自然現象であるということを、われわれは知識として知っています。地震が地殻の変動によるものであることや、台風が熱帯低気圧であること、落雷は電気であることを知っています。そう知っている現代ですら「おまえのせいで――」という非難を受けることがあるのです。まして、一〇〇〇年前の人々はそんな知識は一切ありません。それどころか地震はナマズという鬼神の仕業《しわざ》だと思い、落雷は雷神の仕業だと思っています。

つまり、あらゆる自然現象は「自然」ではなく、何か意志を持った超自然的存在のなせる業《わざ》だと思っています。もちろんそれは人格的存在で、歌も理解する能力がある。だったら「歌が天地を動かせる」と信じていても何の不思議もないのです。つまり歌によって、天地を地震や雷を支配する神に呼びかけ、それを「あはれとおもはせ」ることによって、天地を動かすという形になるわけです。

断わっておきますが、いわゆる知識人も例外ではありません。それどころか、むしろ知識人ほど仏教や陰陽道《おんみょうどう》や神道《しんとう》の知識が豊富ですから、庶民などよりもずっと歌の力を信じることになる。現代の日本では、超自然的存在などは頭から否定するのがインテリの条件のようになってしまいましたが、古代ではむしろ宗教がインテリの必須の教養であり、たとえば方違《かたたがえ》とか物忌《ものいみ》とか、「迷信」を積極的に実行していました。これが迷信だというこ とは、科学の洗礼を受けたわれわれにして初めて言えることであって、当時の人々にとってみれば最新の「科学」だったのです。このあたりを誤解している人が相当いるように思います。だから、「天地を動かす」ことなどできないと考えるのでしょう。

歴代の帝王が熱心に歌集を編《あ》ませた理由

さて、こういう世界で政治とはいったいどんなものになるか考えてください。もっとも政治というと、あまりにも範囲が広く、漠然としすぎかもしれないので、項目を具体的に選んでみましょう。

「天地を動かす」にちなんで地震対策というのはどうでしょうか。現代の政治における地震対策といえば、予知体制の整備と救援体制の確立となりましょう。地震というのは一定のサイクルをもって必ず起きる現象であり、起きれば多数の死傷者と物的損害が出る。だから、現代科学の水準で可能な限りの予知体制と、想定される被害者の救援体制を作っておかねばならない。そのために法律を整備し予算を取り人員を集め機構を整えるのが政治だ。それが現代の法治国家における政治というものです。このあたりは誰しも認めることでしょう。

では十世紀においても同じだったのか。もちろん違います。では、どう違うのか。

地震対策でいえば、まず地震というものが自然現象だという認識がない。**それは鬼神の仕業である。だったら、鬼神を何らかの手段でなだめるのが一番いいということになる。**なだめるにはどうすればいいか。祈ればいい。そして歌を詠《よ》めばいいのです。

すなわち、**平安時代（特に後期）における政治とは、実は「歌を詠むこと」なのです。**もちろんすべてがそうだと言うのではありません。平安時代にも法は存在したし、制度も存在した。その改革も実行された。しかし平安時代も終わりに近づくにつれて、政治の担《にな》い手である平安貴族たちは、現実的な政策を講じることはほとんどなく、歌ばかり詠んでいたと言っても、過言ではないのです。

たとえばこの時代の代表的文学であり、平安期唯一といってもいい大河小説『源氏物語』に、政治の話はまったく出てこない。いかに「恋愛」小説だからといって、登場人物は光源氏をはじめとしてほとんどが政府高官とその一族です。それなのに、政治、経済、社会に関するエピソードすら出てきません。それが平安貴族というものなのです。

彼らの世界では「世の中が平安である」と歌えば、実際の世がいかに乱れていようと「平安な世の中」なのです。天皇が太平を祈れば、「世は太平」なのです。「そんなこと言ったって、実際に世が乱れることがあるじゃないか」とおっしゃる方があるかもしれませんが、その際、その責任は帝王が取らされることになります。

凶作、疫病、地震が起これば、その君主の欠徳（徳が欠ける）のせいだとされました。古代人にとって、これらの不思議な事態は「自然」現象ではなく、意志のある超自然的な存在が起こしたものです。今の君主に徳が欠けているから、鬼神が怒って不幸な事態を招いたと考えるわけです。したがって、こういう不幸な事態を避けるためには、ただひたすらに徳を養うしかありません。

これはそもそも儒教から来た考え方で、中国の帝王は徳を養う具体的な手段として、いわゆる仁政を施《ほどこ》したのです。日本ではそれが言霊の影響で「歌を詠んでいればいい」ということになってしまった。これが中国だと帝王が「民を労《いたわ》る」ために仁政を施します。そのために具体的にどういう政策を採ればいいか、という発想がありました。結局、儒教の枠《わく》は超えられなかったにせよ、具体的な政策論争もあったし、王安石《おうあんせき》（北宋の政治家、思想家、文学者）のような政治改革をめざした宰相もいました。

しかし日本では「政策実施」が「歌を詠む」ことに集約されてしまいました。それも当時の「科学」では克服不可能な天災や疫病だけでなく、戦乱や土地制度の矛盾といった、本来政策や法律の改革で対応できる人災に至るまで、「歌を詠めばいい」ということになったから、ひどいものです。平安末期の社会的混乱は、すべてこの平安貴族の政治姿勢に責任があるといってもいいはずです。彼らは、ちょうど後世の帝国陸軍のように、現実の混乱は無視して虚構の中に生きていたと言ってもいいでしょう。

「歌を詠む」のが政治なのだから、歌集を編《あ》むということは一大政治プロジェクトということになり、特に天皇やその周辺が、現実の政治から遊離すればするほど、むしろ歌を詠むことに熱中することになります。

もう、お分かりでしょう。これが歴代の帝王が熱心に歌集を編ませた理由なのです。かくして不可解な現象が、また一つ言霊の概念で説明できました。

武士を徹底的に嫌った平安貴族

こんな現実離れした貴族の政治に反発して、混乱の中から現実に対応する政治を求める人々が出てきます。

それが侍《さむらい》であり、武士です。サムライとは、もともと「さぶらひ」であり、「仕《さぶら》う者」の意味です。一種の差別語です。平安貴族たちは彼らを歯牙《しが》にもかけなかった。**貴族たちにとってサムライなどというものは、人間以下であり参政権どころか人権すら認めていなかった。**

貴族たちがいかに彼らを蔑視していたかということは、さまざまな史料があります。

たとえば『太平記』でおなじみの南北朝時代、後醍醐天皇は久しぶりに天皇親政の政権を樹立します。いわゆる建武の中興（新政）です。これは一種の武力革命であり、実際にも鎌倉幕府を武力で討伐《とうばつ》している。当時は、古代とは異なり天皇は直属の軍事力を一切持っていない。だから武士の力を借りたし、武士が力を貸さなければ絶対に幕府打倒などできません。

それなのに、天皇の側近北畠親房《きたばたけちかふさ》はこんなことを言います。

「鎌倉幕府の命運はすでに決まっていた。帝が勝ったのは人の力ではなく神の思し召しによるものである。そもそも武士などというものは、長い間朝敵《ちょうてき》（天皇家の敵）であった。帝にお味方してその家をつぶさないだけでも、あり余る御恩をこうむっているのに、このうえ恩賞をのぞむとは何事か、武士たちは天の功を自分の功だと思い違いしているのである」（『神皇正統記《じんのうしょうとうき》』）

繰り返しますが「建武の中興」は武力革命であり、したがって実際に幕府を倒したのは足利尊氏《あしかがたかうじ》、新田義貞《にったよしさだ》、楠木正成《くすのきまさしげ》という武士たちで、公家ではありません。それなのに、この言い草なのです。

これではこの政権も長くない。足利尊氏が反旗をひるがえし、九州から京に攻めのぼってくる。天皇にあくまで味方する楠木正成は、敵を京に封じ込め兵糧《ひょうろう》攻めにする策を献ずる。この作戦を取れば、天皇側が勝ったかもしれないほどの名戦術でした。

しかし、側近の坊門清忠《ぼうもんきよただ》という公家は、そのために天皇が一度京を離れるという点にこだわり、反対します。

「まだ一戦もしないうちに、天皇が京を捨てるのは、あまりにも天皇の位を軽んじることになる。そもそもこの戦いの当初から、味方が小勢ながら大軍の敵に勝ち続けたのは、戦略がすぐれていたわけではない。ただ天が帝に味方したからである。だから京の外で戦っても充分に勝てるはずだ。楠木よ、ただちに出撃せよ」（『太平記』）

こうして楠木正成は、わずか五〇〇騎で敵の大軍と正面からぶつかることになり、奮戦むなしく戦死してしまいます。

戦いの最中で、兵力というものを本当に必要としている時ですら、この扱いなのです。

では、平時はどうか。

平忠盛《たいらのただもり》という人がいます。あの有名な平清盛の父で、平家の武士として初めて内裏《だいり》（天皇の宮殿）への昇殿《しょうでん》（御殿に出入りすること）が許された人です。昇殿を許された人を殿上人《でんじょうびと》といい、これは貴族の中の貴族と認められたことでもあります。

そこで、当時の貴族たちは武士のような身分の賤《いや》しい者が自分たちの仲間に加わるのを嫌って、殿中で忠盛を闇討ちしようとした、ということが『平家物語』の初めのところに載っています。この闇討ちは結局失敗に終わるのですが、そういう話ができるぐらい、武士は貴族に嫌われていた、という証拠にはなるでしょう。

「平安な時代」のために邪魔な軍隊を消す

では、どうしてこんなに武士は嫌悪され、蔑視されたのでしょうか。

身分が低い成り上がり者だから、というのがこれまでの答えでした。

確かに歌ばかり詠んでいて、政治能力を失った公家たちにとって、誇りとなるのは毛並みのよさだけです。その意味で、血筋のよくない武士階級を馬鹿にする気持ちもわからないではない。しかし、それだけでは、この底知れぬ侮辱の理由の説明にはならないのではないでしょうか。なによりも、北畠親房や坊門清忠の発言を見て気づくのは、彼らは武士たちの戦略や功績といったものを、一切認めようとしない態度でいるということです。功績は認めるが人格は認めない、のではなく、存在すら否定するような考え方です。

このことに関する最も安易な結論は、貴族階級はバカだったのだ、ということでしょう。かつては私もそう考えていました。しかし、今はそう考えてはいません。その理由は、武士というものの発生原因を検証していけばいいのです。

建武の中興の失敗の原因の一つに、天皇が直属の兵を持っていなかった、ということがあります。もちろん古代にさかのぼれば、日本は天皇を中心とした律令国家であり、律令国家である以上、そこには律令制下における軍隊というものがありました。では、それはいつなくなったのか。

時期は、はっきりしています。

それは延暦十一年（七九二年）。年表にも「兵士」を廃し「健児《こんでい》」を置く、とあります。つまりこの年、当時の政府は、辺境以外の地では、各国の軍団の兵士を廃し、国府などの守護には「健児」という名の地方郡司の子弟を当てることになりました。一種の自治警察的な制度です。

この健児は、ちょうどアメリカ西部開拓時代のカウボーイのような存在で、やがてこれが地方の争乱の中で力を貯《たくわ》え自立し、武士に発展していくことになります。

それはいいのですが、私はこの時期に行なわれた軍制改革の意味が長い間分かりませんでした。というのは、この時期、朝廷は北の蝦夷《えぞ》と激しく対立しており、ときの桓武《かんむ》天皇は坂上田村麻呂《さかのうえのたむらまろ》を征夷大将軍に任じ、盛んに「蝦夷征伐」を行なわせています。こんな時期に、中央の制度から直轄の軍を廃して、大丈夫なのだろうか。直轄軍といっても、実体は地方で集められた兵士であり、健児と実質的に変わらないという見解もある。また、このほうが国費の節約になったという見方もある。

しかし、私は何か違うような気がしていたのです。そして、言霊の研究を始めて一〇年もたったある日、年表を見ていて突然気がついたのです。

七八一年　桓武天皇即位
七九二年　兵士を廃し、健児《こんでい》を置く
七九四年　平安京に都を遷《うつ》す
七九七年　坂上田村麻呂、征夷大将軍に任ぜられる

七九四年にすべての答えがあります。

平安京、これは平安楽土になるようにとの祈りを込めて名づけたものです。桓武天皇は怨霊に悩まされていました。これはどんな歴史学者も認める事実です。いや、中には怨霊の実在を信じない人もいるでしょうから、桓武天皇は怨霊ノイローゼだったという言い方をしましょう。彼は弟の早良《さわら》皇子を初めとして数々の人間を憤死させており、当然その祟《たた》りがあるはずだ、と恐れていたのです。

実際、長岡京遷都に尽力した腹心・藤原種継《たねつぐ》が暗殺されたり、夫人や母が次々と死に、息子まで奇怪な病気にかかるという不幸に見舞われています。平安という言葉に込めた祈りがどれほど深いものだったか、そしてその祈りの力をどれほど信じていたか、言霊の基本原理に触れてきた読者には、納得していただけることでしょう。すると、遷都の二年前に行なわれた軍制改革の意味も分かってきます。この時期、すでに平安遷都計画(場所は決まっていなくても、都を遷《うつ》してそこを平安京と名付けること)は進行していたはずなのです。

もう、お分かりでしょう。

平安の都が出来れば、世の中は平安になる。だから軍隊などいらないのです。

いきなりこんなことを書いたら、精神異常だと思われるかもしれませんが、ここで、もう一度これまでに述べたことを振り返ってください。

武力で幕府が打倒されるのを目の前で見ながら、貴族たちは武士の実力・功績どころか存在すら認めようとしませんでした。古今和歌集に見られる、言霊の力へのすさまじいばかりの依存、そして二十世紀になってすら、目の前の現実を現実と認めず「員数の世界」へ逃げ込む帝国陸軍。

さらに、もう一つ指摘しておけば、あの後醍醐天皇が倒幕を成功させ、新しい年号「建《けん》武《む》」を定めた時、貴族たちはこぞって反対したという事実があります。その理由ははっきり記録に残されているのです。それは年号に「武」という「兵乱を呼ぶ不吉な字」があるという理由です。結局、後醍醐天皇は反対を押し切りましたが、建武の中興がわずか四年でつぶれると、やはりあの年号が悪かったのだと、貴族たちは批判します。これは十四世紀の出来事です。平安遷都は、これより五百年以上前の事件なのですよ。

この流れの中で、この現象を見てほしいのです。桓武天皇の心情をより正確に代弁するならば「まもなく平安の都ができる、そうなれば平安な時代が来る（来てほしい）。だから、そのために邪魔な軍隊は（帳簿の上からだけでも）消しておこう」ということなのです。

健児という言葉は、もともとは「勇ましい男子」という意味で、それが転じて「兵士」を指すことは、私も知っています。しかし、この言葉には戦争を連想させる「兵」も「士」も「武」も「軍」も入っていない。これも「言い換え」です。これまで何度も説明した、差別語をなくせば差別はなくなる、帳簿に員数兵器を記載すれば実際にはなくても兵器は存在する、**それと同じで軍隊の呼称を、軍を連想させない（戦争を言挙げしない）言葉に換えれば、戦争もなくなるのです。**

いや、なくならないとしても、それはなくすためのもっとも有効な手段といえましょう。

だからそうする。ここでもう一つ説明しなければなりません。それは「事霊《ことだま》」という概念です。

自衛隊イジメをするのはなぜか

コトダマは漢字で書けば「言霊」ですが、また「事霊」とも書きます。

従来、この二つはまったく同じ意味とされてきましたが、やはり字が違うということは意味も違うようです。「言霊」がコトバにより喚起《かんき》される霊的作用であるのに対し、「事霊」はコトバだけでなく行為や動作や、あるいはコトバによって表現されるところの物体によって喚起される霊的作用といえましょう。

というと抽象的で分かりにくいかもしれませんが、何のことはない、**たとえば「縁起の悪い」言葉が言霊を生み、「縁起の悪い」動作や事物が事霊を生む、ということです。**結婚式でいえば、「切る」「割れる」「別れる」という言葉を口にすることが言霊を呼ぶことであり、言葉を発するかわりに「破れた鏡」や「包丁」などを持ち出すことが事霊を呼ぶことになります。言挙げというのは、本来は何かしら言葉を口にしなければならないのですが、言葉を発するかわりに、動作や物を示すことでも言挙げはできる。これは「言挙げ」ではなく

「事挙げ」というべきかもしれませんが。

ところで「言葉狩り」という現象の原因の分析を、もう一度思い出してほしいのです。繰り返し説明すると、言霊の世界では、言葉というものが、よい（結果を呼ぶ）言葉と、悪い（結果を呼ぶ）言葉に二分されてしまう。そしてそれが昂《こう》じると、自分が悪い（結果を呼ぶ）言葉を使うことを止めるだけでなく、他人がそういう言葉を使うことまで止めさせようとする。そういう現象のことを言うのでした。もちろんやっている当人は大マジメで、しかも善意だけに始末が悪い。結局、これは言葉と実態がシンクロしているという、言霊の基本原理に振り回されているだけのことなのです。言葉を消せばそのことによって、表現されている実体も消えるという、科学的には何の根拠もないことを実践しているに過ぎません。

これは言霊の場合ですが、事霊では「言葉狩り」に当たる現象はあるのでしょうか。無論あります。ではどういう形を取るのか？　一番分かりやすい例は、実は「軍隊」「戦争」といった問題に現われてくるのです。

たとえば、戦争という事象について考えてみましょう。戦争が三度のメシより好きだという人はあまりいないでしょう。特に第二次世界大戦、大東亜戦争で肉親を失った人にとってみれば、戦争など絶対になくなってしまえと思うに違いない。それはいいのです。当然の感情であるし、私も戦争はなくなるべきだと思っています。

ところが、言霊の世界、特に事霊の世界では、「戦争をなくすには戦争を連想させる事物を一切排除する」という行動になり、そうすれば「平和」が来る、という形の「事物《じぶつ》狩り」が行なわれることになります。もっとも「狩り」と言っても、言葉と違って実態のほうはそう簡単に消せないので、そのへんはさまざまなバリエーションがあるのですが。

一番簡単なのが、すでに紹介した「言い換え」で、**戦争を「事変」と言い換えたように、どう考えても軍隊としか言いようのない組織を「自衛隊」と呼ぶというやり方です。**しかし自衛隊と呼んでも、何となくそれ自体の存在が「平和」への障害であるような気分がします。そこで、自衛隊員を見れば嫌悪し、石をぶつけるということになる。いわゆる自衛隊イジメです。

旧日本陸軍の三大兵種は「歩兵、騎兵、砲兵」でした。自衛隊では、これを「普通科、機甲科、特科」と、耳慣れない変てこな日本語をむりやり当てはめて呼んでいます。機甲化は、馬に代わって戦車・装甲車を装備した現代の騎兵。特科と言っても普通の日本語感覚では想像もつかないでしょうが、砲兵のこと。普通科という名がなぜ歩兵のことなのか、いよいよわかりません。

そもそも、日本に「軍隊」があるのが気に入らなければ、それに反対している政党に投票すればいいのであって、「軍隊」に所属している個々の人間に嫌がらせをしても何の意味もありません。いや、意味がないどころか、かえってマイナスです。人間はイジメられれば必ず恨みを抱くものだからです。組織だって同じことです。

では、どうしてそれだけのマイナスがあるのに、イジメるのか。なぜ、そういう組織を見ると「平和」の邪魔をしているように感じるのか。**それは自衛隊という組織が、それ自体が存在することによって、「戦争」を事挙げしていると感じるからに他なりません。**

「平和よ来い」は雨乞《ご》いと同じ

しかし、戦争というものは軍隊があるから存在するのではないはずです。むしろ逆で、戦争があるから軍隊が生まれるのです。日本でも、江戸時代の大名の家臣団は、本来戦国大名の「軍隊」でした。しかし、戦争がなかったので、それは官僚組織へと変身しました。そして、幕末になって海外からの侵略が現実の問題となると、それに対応して新しい軍隊が生まれました。官軍、幕府陸海軍、奇兵隊、新撰組などもその口です。

ところが事霊の世界では、逆に軍隊がなくなれば戦争自体がなくなってしまう、と考えやすい。これは、軍隊という存在が「戦争」を事挙げしている、だから事挙げをしている組織をなくせば、その事挙げされている内容（この場合は戦争）もなくなる、と考えるわけなのです。

それはちょうど、警察をなくせば犯罪がなくなる、と考えることとほとんど同じなのですが、多くの人はこのことに気がついていません。戦争をなくそうと思うこと自体はいいことなのですが、その方法論が、あまりにも稚拙《ちせつ》なのです。

それは学問の分野にも現われています。小室直樹《こむろなおき》氏が『新戦争論』（光文社刊）でいみじくも指摘したように、日本の国立大学には軍事学部が一つもないという事実があります。ガンをこの世から根絶したいなら、まずガンというものを科学的に分析し原因を突きとめなくてはならないはずです。「ガン反対」というプラカードを持って表通りを行進しても何の意味もないのです。同じように戦争を根絶するためには、まず戦争というものの本質や原因を徹底的に分析しなければなりません。

そうでなければ対策の立てようがない。日本は第二次世界大戦で、三〇〇万人以上の尊い人命を失っています。だからそういうことが二度と起きないように、少なくとも税金で運用される国立大学では、そういう分析研究が行なわれていいはずなのですが、現実にはそんな学科は一つもなく、歴史学の一分野で細々と行なわれているにすぎません。

ですが、戦争という複雑怪奇なものは、歴史学のみで解析できるものではありません。政治学も必要だし、経済学や最新の科学知識もいる。そのための専門学部や研究所があっても不思議ではないのですが、そんなものはまったくないというのが実情です。**これは「戦争」という敵を正視することをせずに、ただ徹底的に排除ないし無視することによって、なんとなく克服できたと考える心理状態で、言霊社会に特有なものなのです。**

その意味で、英語ないし英米文化を禁止することによって、敵に勝てると信じたバカな帝国陸軍の、われわれはまぎれもない後継者と言えましょう。本当に敵に勝ちたいなら、敵を徹底的に研究し分析しなければならない。それなのに分析研究をする機関を作ることをせずに、ただ集会をし、デモをし、空に向かって「戦争反対」と叫ぶことを優先するのは、明らかに本末転倒ではないでしょうか。敵性語追放よりも敵国語の研究のほうが、敵に勝つためにははるかに効果があるのです。

戦争は、ガンのような自然現象ではなく社会現象ですから、デモやアピールの効果はまったくないとは言いませんが、**スローガンを叫ぶということは、結局「平和よ来い」と言挙**

げしているのにすぎないのであって、基本的には雨乞《ご》いと同じことです。「雨よ降れ」と言えば「雨は降る」のが言霊の世界ですが、大半の人間はそんなことは信じていないでしょう。にもかかわらず、平和に関することだけは信じているといのも、おかしな話であると思いませんか。

この「軍隊なんかあるから戦争が起こるんだ」という発想は、「軍隊なんかなくしてしまえ」という発想につながります。しかし、現実問題として、まったくなくしてしまうのは不安だから、いちおうその存在は認める。認めるが、あくまで正規なものではなく、異常なものとして存在を「認めてやる」。これがわれわれ日本人の、軍隊に対する伝統的な考え方なのです。ちょうど平安時代に兵士をなくして健児の制を置いたのと変わらないわけです。

自衛隊を「私生児」扱いすることの非

司会 そう考えてくると、いまの違憲の自衛隊をどうするか、という問題になってきますが。

森村 昨年、中曽根首相と石橋社会党委員長の党首討論が国会でありましたが、意見が嚙み合った議論になっていませんでしたね。自衛のための軍備保持と、戦力のバランスの上に立っての平和維持論は、ここで度々強調してきたように、自衛と攻撃の境界を明確にしえないし、軍備というものの持つ一般志向、および軍隊が存在するだけで緊張を生ずる生理的メカニズムの抑制ができません。

いっぽう、いっさいの軍備を排除する絶対平和派は、そのことによって日本列島の占める極東の重要な戦略地帯が空白になり、ひいては日本の国際的信用を維持できない矛盾について、答えが出されていません。

そこで、私もこの問題についてまだまだ理論的に整理されていないことを自覚しながら言うのですけれど、〝私生児としての自衛隊〟がちょうどいいのではないか、と思います。日本の自衛隊に栄光というものがあるとすれば、それは憲法の私生児として、けっして他国を侵略しないところにあると思います。そして戦力でいえば、疑似砲台的なものでいいと考えます。疑似砲台というのは、維新のころ薩英戦争で薩摩がつくったものですよね。

こういうふうに言うと、先ほど批判的に紹介した解釈改憲の立場を是認するみたいですが、私は解釈にしても、合憲論は賛成しません。

私は、世界が核兵器はもちろんのこと、それぞれ軍備というものを全廃すること、日本の進路としていかなる軍事同盟にも加わらず、「平和国家」としての軍備を持たずに生きていくことを理想とします。そういう理念と実際のギャップを少しずつでも縮めるように努力していくこと、そのためにひとりひとりの人間が平和に対する認識を研《と》ぎすましていくこと、日本の民主主義と世界の平和の達成のために、理性的な討論が重ねられることがだいじなのではないでしょうか。抽象的な言い方ですが……。

(森村誠一著『日本国憲法の証明』徳間書店刊、傍線著者)

長々とこの一文を引用したのは、現代日本人の軍備や自衛隊に対する考え方が、きわめて素直な形で吐露《とろ》されているからです。

森村氏は戦争悪や旧日本軍の残虐行為を常に告発しつづけてきた尊敬すべき先輩ですが、残念ながら傍線を引いた部分について、私は異論があるのです。先に述べたように、これは平安時代からずっと続いている、日本人の軍隊に対する伝統的な考え方です。私生児というのは、まさにそのとおりで、桓武天皇が正規軍を廃止して以来、日本の軍隊というものは常に基本法の外にありました。「令外《りょうげ》の官」と呼ばれた検非違使《けびいし》もそうだし、幕府という存在も律令の外にある臨時的な軍政権であり、変則的なものでした。

明治憲法下において、軍隊がようやく「認知」されたようにも見えますが、天皇の大権の下に置かれたということは、事実上の法律外だったと言ってもいいでしょう。これが昭和になって統帥権の独立を盾《たて》にした軍部の独走を招いてしまいました。そして、新憲法下、法理論的に見れば自衛隊はやはり憲法外の存在であり、「私生児」であるのです。憲法改正は成されぬままに、施行からまもなく八十年になろうとしています。

日本の歴史に通底する言霊

では、私生児としての〝栄光〟が果たしてありうるのか。私はありえないと思います。というのは、言われた立場になって考えてみるとよく分かります。日本を一つの家族と考え、軍隊をその家庭の私生児だと考えてみましょう。するとこうなります。「おまえは本来戸籍上は存在しないことになっている。だが、かわいそうだから報酬はやる。ただし表に出るな、家族の一員という顔をするな、目立つな。おまえはあくまで『私生児』だ」。

こう言われて腹を立てない人間がいたらお目にかかりたいものです。しかも軍隊に対して、こういう扱いをする家族（国）は日本だけで、一歩外へ出れば、どこの国でも軍隊というものは尊敬されるか、少なくとも社会に必要な組織として認知されています。となると、その「私生児」の怒りはますますつのることになる。もし情勢が変わって、この私生児が家長になるようなことになったら、今まで軽く扱われた反動で、その家族の暴君となり、横暴の限りを尽くすことになるかもしれません。

実は、これは日本の歴史に繰り返されているパターンなのです。つまり、日本人は言霊の強い影響で、軍隊があると戦争になりやすい、と考える。そこで軍隊というものを名目的に排除し、さらに可能なかぎり実質的にも排除しようとするわけです。

桓武天皇が軍団を廃し健児《こんでい》を置いたのもそれで、結局、健児は放ったらかしにされた形になりました。そして、平安貴族が何もしないので世は乱れ、その混乱の中から武士が生まれました。その武士に対する貴族の扱いは、やはり「私生児」なのでした。

しかし、武士階級には現実の混乱を、法や制度など現実に対応した政策で改革していこうという姿勢がありました。この武士たちの政治を、彼らが初めて自前の政権を作った土地にちなんで「鎌倉リアリズム」の政治と呼びましょう。その担《にな》い手は鎌倉武士です。

一方、平安貴族の言霊に依存した呪術《じゅじゅつ》的な政治を、ここで「平安コトダマイズム」の政治と呼んでおきましょう。

日本の歴史は、この平安貴族と鎌倉武士、平安コトダマイズムと鎌倉リアリズムの対立の歴史であることが、私には分かってきています。大ざっぱに言えば、平安、室町、江戸がコトダマイズムの時代、鎌倉、安土桃山（戦国）、明治がリアリズムの時代です。つまり、この二大潮流は交互に日本の歴史を支配しているのです。

日本人は本質的には、言霊を信奉するコトダマイストです。鎌倉時代や戦国時代、あるいは幕末、明治のように、本当に軍隊というものの存在が必要だった時代には、日本人は一時《いっとき》リアリズムというものに目覚めるのですが、喉元《のどもと》過ぎれば熱さ忘れるのたとえ通り、すぐに言霊の影響が復活してくる。ちなみに現代は「第二平安時代」だと私は考えています。このことについては、後で考察していきます。

自衛隊イジメの典型的事件

桓武天皇が、兵士を健児《こんでい》に変え、都を平安京と名付けることによって、日本が平和国家になると考えたのと同じようなことを、われわれは無意識のうちに実行しています。

たとえば、どう考えても軍隊としか呼びようのないものを「自衛隊」と言い換え、平和憲法を守ることによって「平和」が来ると信じています。

われわれは、けっして桓武天皇を笑うことはできません。憲法はさておいて、まず自衛隊の話をしましょう。言霊にまどわされない一つの方法は、あまり言いたくないし口惜《くや》しいことでもありますが、外国語で物を考えることです。

たとえば自衛隊は、英語では「FORCE」としか言いようがない。公式訳ではその上に「SELF DIFENCE（自衛のための）」をつけるようですが、世界各国に「自衛」のためでない軍隊など存在しないし、わざわざ断わることもない。あのクウェートを侵略したフセインですら、自分の軍を「侵略用の軍」とは呼びませんでした。

最近、中国の覇権主義的な強大化によって、自衛隊の存在はかなり認知されるようになってきました。安保法制も出来て、集団的自衛権の行使も一部出来るようになり、予算も大幅に増えました。そこで日本人は自衛隊を正式に認めたかというと、そんなことはありません。相変わらず憲法には、自衛隊の存在が規定されていません。

日本人は、軍隊を巡るリアリズムに目をつぶってしまいます。なんとか「軍隊」はないことにしたいのです。だから、とりあえず言い換えをする。だが、言い換えをしても、実際に武装した集団は目の前に存在します。日本人は、どうしてもその集団が戦争を「事挙げ」しているように見えてしまう。そこで「私生児」として生きろ、と言うのです。絶対に「認知」はしません。それどころか、事あるごとに石をぶつける。イジめる。そうすることによって、何となく「平和が来るのに貢献」しているような精神状態になる。マスコミにもこの傾向があって、当然、隙《すき》あらば自衛隊を叩く、ということになるのです。

もちろんそれが、ジャーナリズムの健全な批判精神によるものなら、問題はありません。本当に自衛隊に責められるべき点があるなら、大いに叩くべきです。だが、どう見ても本当にイジめているとしか思えないケースもある。旧聞に属しますが、本質的なことなので書いておきます。昭和六十三年に最高裁判決の出た「山口県殉職自衛官合祀《ごうし》訴訟」をご記憶でしょうか。

殉職した自衛官を国（自衛隊）や隊友会が山口県護国神社（靖國神社の分社）に祀《まつ》ったことに対し、その妻であるクリスチャンのNさんが、この合祀行為は、憲法の定める信教の自由や政教分離原則に違反するとして訴えたのでした。

一審、二審では原告Nさんの主張が認められたが、最高裁では逆転敗訴しました。そして、当時のマスコミの論調は、この判決は不当なもので、Nさんの主張が正しい。敬虔《けいけん》なクリスチャンをイジめる悪い国（自衛隊）はとんでもない、という内容でした。

一方に寄りすぎたマスコミの欠陥報道

しかし、それはとんでもない誤解なのです。私は、この訴訟については、最高裁判決のほうが正しいし、憲法の精神（最高裁はしばしば軽視することがあるが）を守っていると思います。なぜ、そう言えるか。

初めにお断わりしておきますが、私は結局廃案となった靖國神社国家護持法案には反対の立場です。なぜ、それをあえて言うかといえば、この訴訟においてNさんを支持する人間は反靖國で、最高裁判決（あるいは国）を支持する人間は靖國護持派だという見方があるからです。いわゆる進歩的マスコミは、すべてがこの二分法をとっています。これは、いかに日本のマスコミが憲法にいう信仰の自由、良心の自由が分かっていないかという証拠でもあります。

というのは、この訴訟で一番問題になるのは、亡くなった自衛官自身の「信仰」がなんであったか、ということなのです。というのも、あくまで信仰というのは個人個人の問題であって、そこに他人の介入する余地はありません。この場合、配偶者であっても血を分けた子であっても同じことです。

たとえば選挙の時、夫は自民党、妻は共産党に投票しようと思ったとします。この場合、いくら夫だから妻だからといっても、相手の意思を勝手に変えることはできません。当たり前の話です。宗教でも同じで、この場合、もし殉職した自衛官が靖國神社（護国神社）に祀《まつ》られることを希望していたとすれば、たとえ妻だろうが子だろうが、それを変更させることはできないし、また、そのことによって精神的に傷ついたとしても、その賠償を求めることはできない。

なんとなれば、何を信じるかというのは、まさに個人の自由だからです。だから、この訴訟が成り立つのは、死者が生前、絶対に靖國神社（護国神社）に祀らないでくれと言っていたとか、また明確に言わなくても明らかに神道とは異なる宗教（たとえばキリスト教）の信者であり、合祀が故人の意思に反すると想定できる場合だけなのです。

そこで、その視点から新聞を読んでみると、驚いたことに、Nさんの信仰については詳しく書いてあるにもかかわらず、肝心の自衛官の信仰については何一つ書いてなのです。欧米だったら、これだけでもう欠陥報道と呼ばれるでしょう。そこで裁判経過などで見てみると、自衛官が生前、特に信仰していた宗教はないが、家の宗教は仏教であり、生前、特に神社に祀られることに対し嫌悪感は示しておらず、しかも妻以外の親族（その中には自衛官の実父の名もある）は、むしろ合祀継続を望んでいるといった事実が浮かび上がってくるのでした。もちろん、家族がいくら合祀を望んでも、本人が嫌っていたのなら、あくまでその意思が尊重されるべきなのですが、私の見るかぎり故人は、神社に合祀されることを嫌っていたとは、とうてい思えないのです。

原告である未亡人の主張は、つまるところ「私はクリスチャンであり、自分の宗教で夫を祀りたい、勝手に護国神社に祀ってもらっては困る」ということなのでしょう。しかし、酷《こく》なようですが、それは、まさにこの人の「勝手」なのであり、故人が特定の意思を表明していない以上、他の家族が「自分の宗教」で祀ることもまた、信仰の自由に反する行為なのです。

マスコミが未亡人に一方的に加担した理由

ここで「故人を祀る権利」を、たとえば財産権のように配偶者に優先的に認めたとしましょう。つまりNさんが、最終的に勝訴した場合のことです。マスコミは当然万々歳だろうが、それが本当に「憲法」にとって喜ぶべきことかどうか。

私が、もし靖國派ならば、判決に大喜びすると思います。なぜなら、これとは逆に、死んだ夫は反靖國派だが、妻は靖國（神道）支持者だというケースも、当然考えられるからです。この場合靖國派は、残された配偶者さえ説得すれば、いくらでも（生前靖國を嫌っていた人でも）合祀できることになるではないか。配偶者にそういう権利があるなら、当然、子にもあり孫にもある、ということになるはずです。

内村鑑三《うちむらかんぞう》や片山潜《かたやません》を靖國に祀ることができるようになるかもしれません。その危険に未亡人側を応援していたマスコミは、誰一人として気がついていない。もし、気がついていたら応援などするはずがない。法律（判例）というものは、諸刃《もろは》の剣だということが分かっていないのですね。

では、なぜマスコミは、こうも一方的に未亡人側に加担したのか。

それは、彼女を応援することが、「憲法違反」の自衛隊に一泡吹かせ、合わせて靖國法案の歯止めになるから、と思ったからでしょう。裁判の席に引っ張り出された自衛隊こそ、いい面《つら》の皮でした。

これに比べれば、一九六二年に起こった恵庭《えにわ》事件は、まだしもまともな事件だと言えましょう。これは北海道恵庭町で牧場経営者が、自衛隊の実射演習の騒音に腹を立て、演習用の送電線を切断して抗議した事件です。牧場主は自衛隊法違反に問われたが、裁判の焦点はむしろ自衛隊の合憲、違憲問題に移った。結果は無罪。しかし合憲・違憲の判断はされませんでした。

しかし、これを自衛隊の側から見てみると、どうでしょう。器具を破壊されたうえに相手は無罪、しかもマスコミは、憲法違反の自衛隊がそんな目に遭《あ》うのは当然、という見方しかしてくれない。

これでは、恐ろしく欲求不満が溜《た》まっていくはずです。それに、当の自衛隊員よりも激しく反発したのが、あの三島由紀夫《みしまゆきお》だったのではないでしょうか。

(3)三島由紀夫が訴えたこと

三島由紀夫はなぜ自決したのか

三島由紀夫は、戦後日本を代表する文学者であり、このままいけばノーベル賞は確実と噂されながら、昭和四十五年十一月二十五日、東京市ヶ谷の自衛隊駐屯地に潜入、東部方面総監を拘束し、自衛隊員にクーデター決起を呼びかけ、反応がないと見るや自決しました。

三島の作品は読んだことはないが、この事件のことは知っているという人もいるでしょう。私はこの時高校生でしたが、この日のことは今でもよく覚えています。

この三島の死は、当時の佐藤栄作《さとうえいさく》首相が「気が狂ったとしか思えない」と評したのに象徴される、「血迷った行動」と見られています。何よりも総監を人質に取り、自衛隊員に演説、静聴を強要し、あまつさえ割腹自殺するという行動は、外見だけで判断すればエキセントリックなものと見られても仕方ないかもしれません。

しかし、彼の主張を仔細《しさい》に検討すれば、これは血迷った行動でもなんでもなく、むしろ、もっとも論理的な死だとすら言えます。非論理的な部分も確かにありますが、少なくとも自衛隊とのかかわりで見れば、彼の思考過程はきわめて明晰であり、一点のくもりもない。

ここではっきりとお断わりしておきますが、私は三島の考える理想の自衛隊像には反対の立場です。しかし、自分と違う考え方をしているからといって、ただちに相手を狂っていると決めつけてはならない。当たり前の話です。三島の主張はその意味で筋は通っている、だから、その主張には反対だというなら話はわかるが、「狂っている（筋が通っていない）」という決めつけは、誤りであるとしか言いようがありません。

そのことは彼の全作品を読まずとも、その最期にあたって自衛隊員に決起をうながした「檄《げき》」文を読めばわかります。

まず、三島は憲法と自衛隊の関係について、次のように述べています（以下引用は「檄」昭和四十五年十一月二十五日、による）

法理論的には、自衛隊は違憲であることは明白であり、国の根本問題である防衛が、御都合主義の法的解釈によってごまかされ、軍の名を用ひない軍として、日本人の魂の腐敗、道義の頽廃の根本原因をなして来てゐるのをみた。もっとも名誉を重んずべき軍が、もっとも悪質の欺瞞《ぎまん》の下に放置されて来たのである。自衛隊は敗戦後の国家の不名誉な十字架を負ひつづけて来た。自衛隊は国軍たりえず、建軍の本義を与へられず、警察の物理的に巨大なものとしての地位しか与えられず、その忠誠の対象も明確にされなかった（原文のまま）。

ここで、三島がまず言っているのは、現行憲法に照らして見るかぎり、自衛隊は憲法違反の存在である、ということです。この見解には私も賛成です。このことに関して国や裁判所がいろいろなことを言っていますが、それは市民の常識から見れば「御都合主義の法的解釈」であり「悪質の欺瞞《ぎまん》」であることは、憲法第九条を一度でも読んだことのある人間には明白なことでしょう。

特に第二項は「陸海空軍その他の戦力は、これを保持しない」と明言しています。軍でも戦力でもダメなのです。「自衛隊は軍隊ではない」とか「戦力なき戦力」などというのは、これは「事変」であって「戦争」ではないとか、「改定」であって「値上げ」ではないと言うのと同じことと言っていいはずです。

日本国憲法第九条

日本国民は、正義と秩序を基調とする国際平和を誠実に希求し、国権の発動たる戦争と、武力による威嚇《いかく》又《また》は武力の行使は、国際紛争を解決する手段としては、永久にこれを放棄する。

「2.」前項の目的を達するため、陸海空軍その他の戦力は、これを保持しない。国の交戦権は、これを認めない。

このように現行憲法は、明確に自衛隊（軍隊）を憲法違反の存在としています。それをふまえて、三島はさらに言う。

しかるに昨昭和四十四年十月二十一日に何が起ったか。総理訪米前の大詰《おおづめ》ともいふべきこのデモは圧倒的な警察力の下に不発に終った。その状況を新宿で見て、私は「これで憲法は変らない」と痛恨した。その日に何が起こったか。政府は極左勢力の限界を見極め、戒厳令にも等しい警察の規制に対する一般民衆の反応を見極め、敢《あえ》て「憲法改正」といふ火中の栗を拾はずとも、事態を収拾しうる自信を得たのである。治安出動は不用になった。政府は政体維持のためには、何ら憲法と抵触しない警察力だけで乗り切る自信を得、国の根本問題に対して頬っかぶりをつづける自信を得た。これで、左派勢力には憲法護持の飴玉をしゃぶらせつづけ名を捨て実をとる方策を固め、自ら、護憲を標榜することの利点を得たのである。名を捨てて実をとる――政治家にとってはそれでよかろう。しかし自衛隊にとっては致命傷であることに、政治家は気づかない筈《はず》はない。そこでふたたび、前にもまさる偽善と隠蔽《いんぺい》、うれしがらせとごまかしがはじまった。（中略）
――十月二十一日といふ日は、自衛隊にとっては悲劇の日だった。創立以来二十年に亘《わた》って、憲法改正を待ちこがれてきた自衛隊にとって、決定的にその希望が裏切られ、憲法改正は政治的プログラムから除外され、相共に議会主義政党を主張する自民党と共産党が非議会主義的方法の可能性を晴れ晴れと払拭《ふっしょく》した日だった。論理的に正《まさ》に、この日を境にして、それまで憲法の私生児であった自衛隊は「護憲の軍隊」として認知されたのである。これ以上のパラドックスがあらうか（原文のまま）

自衛隊のパラドックス

昭和四十四年十月二十一日とは、総理訪米阻止デモが起こった日です。実は、三島はこの日、ひそかに自衛隊の治安出動を期待していました。デモが激化し、内乱状態になって警察の手に負えなくなった時、初めて軍隊というものの必要性がクローズアップされ、それは軍隊の正式な「認知」につながるからです。

しかし、そうはならなかった。

むしろ政府自民党は、このような大規模なデモですら、「警察力だけで乗り切る自信を得、国の根本問題に対して頬っかぶりを続ける自信を得た」。そして「左派勢力には憲法護持の飴玉をしゃぶらせつづけ名を捨てて実をとる方策を固め」ました。

その結果、「憲法の私生児であった自衛隊は『護憲の軍隊』として認知されたのである」「これ以上のパラドックス（逆説）があろうか」と三島は言っています。私もそう思います。そもそも憲法は自衛隊の存在を否定しているのです。その、自分たちを否定しているものを、自衛隊は守らねばならないのです。そこで三島は叫ぶ。

われわれが夢みてゐたやうに、もし自衛隊に武士の魂が残ってゐるならばどうしてこの事態を黙視しえよう。自らを否定するものを守るとは、何たる論理的矛盾であらう。男であれば、男の矜りがどうしてこれを容認しえよう。我慢に我慢を重ねても、守るべき最後の一線をこえれば、決然起ち上るのが男であり武士である。われわれはひたすら耳をすました。しかし自衛隊のどこからも「自らを否定する憲法を守れ」という屈辱的な命令に対する男子の声はきこえては来なかった。かくなる上は、自らの力を自覚して国の論理の歪《ゆが》みを正すほかに道はないことがわかってゐるのに、自衛隊は声を奪はれたカナリヤのやうに黙ったままだった。

（原文のまま、傍線筆者・以下同じ）

この叫びは、はたして「狂っている」だろうか。私はむしろ、どこかの国の新聞の社説よりも、はるかに論理的な態度ではないかと思う。「自らを否定するものを守れ」とは、なんと「屈辱的な命令」でしょう。

これは、たとえば第二次世界大戦中のユダヤ人に、ナチス・ドイツの親衛隊員になれと強制するようなものです。もし、あなたの友人や恋人たちがユダヤ人だったとして、そのユダヤ人が、ユダヤ人撲滅《ぼくめつ》を目的とするナチス・ドイツのガードマンとして黙々と働いていたら、何と言うか。「どうして、そんなところで働くの?」「男ならやめるべきだ」と言わないでしょうか。三島の心情はそれと同じかと思われます。

「武士の魂」とは何か

また、ひょっとしたら「武士の魂」「男の矜《ほこ》り」というところで、何か右翼的なものを感じて引っかかる人がいるかもしれないので、一言《いちげん》しておきます。

必ずしも武士の魂と呼ばなくてもいいのですが、ある種の職業にはそれがないと、まったく意味がありません。ある種の職業とは、職務の遂行にあたって日常的に生命の危険がある、自衛官、警察官、消防士といった職業のことです。こういう人々は単なるサラリーマンであってはいけない。

こう言うと、サラリーマンを差別しているなどと言われそうですが、そういう人でも「会社のために死ねる」という人はほとんどいないはずでしょう。会社に勤めるのは、自分や家族の生活の金を得るのが第一の目的であり、いくら忠誠心があるからといっても「会社のために死んでくれ」という命令は拒否するはずです。また、いくらモーレツ会社だといっても、社員にそこまでは望むまい。

しかし、これが警察官や消防士だったらどうでしょう。武装した暴力団を鎮圧しに行く時、あるいは、まさに焼け落ちようとする建物の中へ人を助けに行く時、まさか死んで来いとは言わないでしょうが、命ずるほうも従うほうも何らかの使命感を持っていなければつとまらないはずです。それがなければ「ぼくがこの職業についたのは給料をもらうためです。でも死んでしまえば元も子もないから辞めます」、ということになってしまいます。この使命感のことを、三島は「武士の魂」と呼んでいるわけなのです。

特に軍隊は、どんな職業よりも日常的に死の危険があるから、この「武士の魂」がなければどうしようもない。「武士の魂」なしには、いくら待遇をよくして人材を集めようが、優秀な武器を持たせようが、「辞めます」の一言で崩壊してしまいます。

そして、そういう「武士の魂」を持つ人間ならば、「自らを否定するものを守」らされている状態には、耐えられないはずです。しかし、だから「辞めろ」とは、三島は言わない。なぜなら国にとって防衛は絶対に必要なものだからです。それゆえ、自衛官を辞めるのではなく、逆に、自らを否定している憲法のほうを改正するために立ち上がれ、と檄を飛ばしたのです。

われわれは四年待った。最後の一年は熱烈に待った。もう待てぬ。自ら冒瀆《ぼうとく》する者を待つわけには行かぬ。しかし、あと三十分。最後の三十分待たう。共に起って義のために共に死ぬのだ。

〝論理的な死〟だった三島

三島が自決したという点で、三島の行動を狂信的なものだと決めつける人もいます。しかし、その死の理由もきわめて論理的なものではないでしょうか。三島は檄の最後を、こう結ぶ。

日本を日本の真姿《しんし》に戻して、そこで死ぬのだ。生命尊重のみで魂は死んでもよいのか。生命以上の価値なくして何の軍隊だ。今こそわれわれは生命尊重以上の価値の所在を諸君の目に見せてやる。それは自由でも民主主義でもない。日本だ。われわれの愛する歴史と伝統の国、日本だ。これを骨抜きにしてしまった憲法に体をぶっつけて死ぬ奴はゐないのか。もしゐれば、今からでも共に起ち、共に死なう。われわれは至純《しじゅん》の魂を持つ諸君が、一個の男子、真の武士として蘇《よみが》へることを熱望するあまりこの挙に出たのである。

傍線のようなことを言った以上、死ぬほかはないではないか。三島の死後、批判する人の中に「三島ほどの有名人ならマスコミに登場して持論を語る機会はいくらでもある。それをすればいいので、死ぬ必要などなかった」という意見がありました。確か現役自衛官の中にも、そういう意見があったことも記憶しています。しかしこれは当たらない。三島の主張が「地球の環境破壊を食い止めよう」とか「人種差別をなくそう」ということだったら、何も死ぬ必要はない。折りにふれて、それこそマスコミを利用して訴えていけばいい。だが、三島の主張はそういうことではありません。「武士の魂」の問題である。使命感の問題である。そして自らの口で「君たちはそれでも武士か（最後の演説）」と自衛官たちを罵倒しています。

この言葉を口にした以上、それを口にした自分は真の武士、つまり死を恐れぬ者であることを証明しなければなりません。そうしないかぎり、その主張は「局外者が勝手なことを言ってらあ」と、真に受けてもらえない恐れがあるのです。

「俺はいつでも死ねる」「世の中には生命以上の価値がある」と日常的に口にする人間が、周囲にいたとしましょう。こういう人間を、あなたは信用するでしょうか。

「ホントかな」「人間、命が惜しい。いざそうなったら心変わりするに違いない」――むしろ、そう思うのが普通ではないでしょうか。口先では何とでも言えるし、過去の例を見ても同じようなことを言った人間が、変節した、あるいは最初から嘘をついていたという例はいくらでもあります。そういう例のほうが多いくらいです。特に三島は、高額所得者で有名人でもあり、何不自由なく暮らしている。妻子もいる。こういう人間が「俺はいつでも死ねる」と言っても、簡単には信じてもらえないはずです。

だとしたら、そういうことを本気で主張する人間が、自分の考えには嘘いつわりがないことを、相手にぜひとも伝えたいと思ったら、どうすればいいか。

死ぬよりほかにないではありませんか。

死んでこそ「あの人は本気だったんだ」ということが、分かるのです。

繰り返しますが、「武士の魂」というのは、生命を捨てる覚悟があるかという問題につながっています。したがって「言論」ではだめなのです。それゆえに三島の死は、現状に対する「憤死」ではあるが、同時に論理的な死でもあるのです。

こうしなければならないという、論理的帰結の後に、彼は死を選んだ。

その思考過程には、みじんの「狂気」もない。

ただ、この三島の呼び掛けに応じた自衛官は、一人もいませんでした。

プライドをずたずたにされている自衛隊

このことをどう見るか。大方の人は、これを「健全な状態」と見ました。つまり、三島の「狂気」に乗せられなかった自衛官たちの選択を「健全」と評したわけです。

本当に、これは「健全」な状態なのでしょうか。こう評する人は、三島のクーデターに参加を拒否したことを、健全な精神状態のあらわれと見るわけですが、それは、とにかく「乱」が起こらなくてよかったという、現象面だけを見た判断にすぎません。

私はむしろ、自衛隊の現状については、三島の分析に同意します。彼らは、もし「武士」ならとうてい容認できないような「屈辱的」状態に置かれています。

たとえば、もし東京の中心に「日本人虐殺委員会」という組織があり、そこで大勢の日本人が働いていたとする。これに憤激した一文学者が「乱入」し、このような「屈辱的」組織はつぶすべきだと大演説をぶったとする。この時、聴衆の側から一人も同調者が出なかった場合、人はこれを「健全」と評するのでしょうか。

ここまで書いてきて、こいつは三島の盲目的な礼賛者ではないか、と誤解する人間がいるかもしれないので、ここではっきり言っておきます。そうではありません。

相手の主張に論理的な整合性がある（つまり狂気がない）と認めることと、その主張に賛成することはまったく別のものであるはずです。ところが、日本では、しばしばその主張が社会的に認めがたい場合、「狂気」のレッテルを貼って葬ってしまうことがあるのです。これは、今でもどこかの国で行なわれているように、気に入らない言動をする人間を精神病院に入れてしまうのと同じ精神構造に基づく暴挙です。私は、三島の主張に論理の一貫性を認めるのですが、主張そのものには賛成できない、ということです。

では、三島の主張のどこに、私は反対するのか。それは自衛隊は何を守るべきか、というところです。それを三島は天皇だと言っている。「檄」文の中にあります。

日本の軍隊の建軍の本義とは「天皇を中心とする日本の歴史、文化、伝統を守る」ことにしか存在しない。

私はそうは思わないし、思うべきではないと考えます。なぜなら、これを認めれば戦前のように、天皇の名の下に多くの国民が戦場に駆り立てられることになりかねないからです。

もちろん、天皇も日本文化の重要な一環であることはまちがいありません。しかし、やはり日本の主体は国民です。国土もむろん大事ですが、仮に日本が沈没したとしても、国民が残れば国も残ります。

やはり主体は国民なのです。その主体である国民を守るということが、なぜいけないのだろう。これこそ近代国家の、ごく当たり前の政治的原理であり、この原理を否定する国は、世界中どこにもないと思うのですが。当然、国民を守るということは、その国民の人権を保障している憲法を守ることであり、自衛隊は「護憲」の軍隊として生まれ変わればいい。いや、すでに事実上そうなっているとは言えます。しかし「認知」はまだ終わっていません。

これまで「私生児」という一種の差別語を使ってきましたが、実際に自分が私生児（法律では非嫡出子）である人は、あるいは不快に思われるかもしれないので、一言お断わりしておきます。

どんな生まれ方をしようと、それは人間本来の尊厳に何のかかわりもない。しかし、法律上は父親の認知を受けなかった人間を、そういう呼び方で区別している。相続権などに差をつけるためです（現在は法改正がなされ平等化されている）。その状況と、自衛隊が国の最高基本法である憲法に定義されていない、という状況が、非常によく似通っているので、あえてこの言葉を使わせてもらったまでのことです。

差別的語感があるのは承知のうえで使っているのです。というのは、人間が同じ人間に対して、このような「屈辱的」状態を強《し》いて平気でいられるというのは、その根底に差別意識があるとしか考えられないからなのです。

この状態を外国人は、けっして理解できないでしょう。

軍人というのは、先に述べたように「武士の魂」（三島は英語訳として「スピリット」という言葉を使っています。あるいはプライドと言ってもいいでしょう）がなければ、物の役に立たないものです。そのプライドを、ずたずたにするような状態に、日本の自衛官は置かれているのです。もし、これがヨーロッパやアメリカだったら、いやアジアやアフリカでも、反乱が起こるか、軍人の間から改憲要求が起こるでしょう。

放置できない自衛隊への「差別」

実際、私はよく我慢しているなと思うのです。いままで自衛隊員によるクーデターが、よく一度も起こらなかったな、とすら思います。

確かに、軍人のプライドというのは諸刃《もろは》の剣のようなもので、あまりに薬が効《き》きすぎると、戦前の軍部や二・二六事件の将校たちのようになってしまいます。それに、さんざんひどい目に遭《あ》わされた日本人は、軍人のプライドの育成に冷ややかなのは分からないでもありません。

しかし、私に言わせれば、あれは同じ日本軍でも「天皇の軍隊」でした。彼らは天皇の「股肱《ここう》（手足）」として教育されたのですから、天皇の名の下に国民を犠牲にするのは、ある意味で当然なのです。守る対象が違うのだから。**だからそういう軍隊ではなく、本当に**

国民を守り憲法を守る軍隊を、法律で作ればいいのではないでしょうか。それが法治国家というものでしょう。

「軍隊を作れば必ず腐敗し暴君化する」という人もいます。そうならないように法律の鎖で縛《しば》るのが、これまた法治国家の原則です。腐敗するから作らない（認めない）というなら、それは議会政治を否定した二・二六事件の将校たちと同じことになってしまいます。そのための第一歩は、自衛隊を正式な「護憲のための軍隊」として、認知する。すなわち憲法九条の改正です。三島は、これを天皇を守るために変えろと主張しましたが、私は、国民と憲法を守らせるために変えろと主張したいのです。

とにかく今の状態はよくない。自衛隊は国民を、憲法を守ろうとしても、その守る対象に、自らの存在を否定されているのです。これではプライドなど生まれるはずがないし、第一に屈辱感にさいなまれます。

これだけの屈辱を自衛隊員に強《し》いながら、それを強いている国民の側に、その意識がまったくないのは、第一にはすでに指摘したように、言霊の影響です。

つまり軍隊自体が、戦争を「事挙げ」しているように感じるので、軍隊を名目上排除する。公式な帳簿上は、ないことにする。名前を言い換える。たとえば兵士を健児《こんでい》と呼んだり、

軍隊を自衛隊と呼ぶ。そして、軍隊が非公式な（憲法上認められない）存在であることに、かえって安心する。逆に、その軍隊を正式なものと認知させようとすると「それが平和の障害になるような気がして――戦争を事挙げしているような気がして」反対する。そして、森村誠一氏がいみじくも述べたように「〝私生児としての自衛隊〟がちょうどいい」という精神状態になる。これは歴史的にみれば、桓武天皇や平安貴族と同じ精神状態といえるのです。

しかし、真に民主的な法治国家なら、この状態は実に恐ろしい状態です。なぜならば、一大武装団が国家の基本法の外にあり、しかも屈辱としかいいようのない状態で放置されているからです。憲法の外にあるという点では戦前の軍部の状態とまるで同じではありませんか。軍隊という猛獣は、確かにその主人である国民を噛み殺す危険性があります。だからこそ、法律の鎖で厳しく縛る必要があるのに、それをしないどころか、ことあるごとに侮辱する。

たとえば、一九九〇年の湾岸危機に際し、自衛隊の海外派兵を恐れるあまり、それを骨抜きにするため「自衛隊員は丸腰で行け」とか「小火器だけなら持っていってもよい」とかいう意見を出す人がいました。とんでもない話です。

それならば、初めから「絶対に行かせるな」と意見を述べたほうがいい。軍人に、戦場に丸腰で行けというのは「死ね」ということです。「小火器携行」でも同じことです。相手はミサイルをはじめ「大火器」を持っている。もし行かせるなら完全武装でなければ気の毒です。生命の危機がある以上、その危険を少しでも減らすように配慮するのが人間としての思いやりです。それも日本が貧乏でろくな武器を揃《そろ》えられないというならともかく、豊富な武器を持っているのです。それなのに「持っていくな」と言われたら、言われたほうはどう思うでしょうか。

「俺たちのことなんて虫ケラとしか思ってないんだ」と思うのではないか。言った本人は、そんなことは夢にも思っていないかもしれませんが、これはどう考えてもそうなるのです。

では、どうして言ったほうは、そうしたとはけっして思わないのか。

これは明らかに差別意識です。自衛隊員を一個の人間と考えるより、あえて差別的用語を使うのですが、「虫ケラ」としてしか考えていないから、平気でこういうことが言えるのです。そう思っているから、彼らに「自らを否定するものを守らせても平気」なのです。それが人間の尊厳を踏みにじる行為だとは夢にも思わない。それゆえ、そのことに現代の文学者の第一人者が怒って自殺しても、狂気としか思えない、ということにもなるのです。

明らかに、日本人は自衛隊員を普通の人間以下のものとして差別している。ではその差別意識は何に基づくのか。

それも、実は言霊なのです。

肉を食べる時、屠殺《とさつ》してくれた人に感謝しない

日本人は、おそらく世界でもっとも恥ずべき差別を、いまだに継続している人種です。あの司馬《しば》遼太郎《りょうたろう》氏も言っています。「私は一九五五年ごろから、独学ながら被差別者の問題に関心を持ち、三〇年近く考え、実証としてこれほど根拠のない差別は地球上にないと思ってきた」(「解放新聞」昭和五十九年一月二十三日号)

根拠のない差別——まさにそうなのです。日本人というものについて、最もよく知っていると思われる作家が三〇年近く研究して出した結論は、そういうことなのでした。

もっとも「差別というものはその根源において、すべて根拠がない」という反論はあるかもしれない。それはそのとおりです。人種、民族、言語の差異を理由に、人は人を差別してはならない。しかし、司馬氏の言うのはそれとは違います。たとえば人種の違い、たとえば言葉の違い、といった、差別する側の表向きの理由になるものすらない、というこ

となのです。

たとえば、白人が黒人を差別するのは、肌の色の違いからだと言われる。もちろん、そういう差別は許されません。許されないが、少なくとも白人側には「肌の色が違う」という差別の「根拠」はある。ただその「根拠」があるからといって、差別を正当化してはならないというだけのことです。

しかし、日本では、この差別の「根拠」すらないのです。もちろん「あいつは被差別部落の出身だから」という差別の仕方はあります。だが、その先祖をさかのぼっていくと、たとえば肌の色が違ったとか、言語が違ったとかいうことは一切なく、まったく同じ人間だったことが分かるのです。

それなのに、どうして差別するのか。西洋の学問では、あるいは近代史学では、この解答は絶対に出ません。どうしても「実証として、これほど根拠のない差別はない」という結論を出すしかなくなってくるのです。

しかし、やはり差別があるのには、それなりの理由があるはずです。もちろんそれは、差別を正当化するものではありません。むしろその理由を白日の下にさらし、科学と論理の光を当てることによって、差別解消に役立てることができるのではないかと、私は考えるのです。これは「差別語追放」などより、はるかに効き目があると考えます。それは言霊（事霊）と、もう一つケガレという概念に関係するのです。

分かりやすく言えばこういうことになります。

たとえば、われわれは日常、牛肉や豚肉を食べている。もちろんこれらの肉は、もとは生きて歩いていた動物の一部ですから、それを誰かが殺して血抜きし解体してくれなければ、われわれは肉を口にすることはできません。

ところが困ったことに、日本人は伝統的に死というものを穢《けが》れたものであると考える。これは日本の古代から一貫して見られる思想で、『古事記』にも語られているから、ご存じの方も多いと思います。おそらく「生の賛歌」への裏返しの現象でしょう。問題は、これにさらに仏教の思想が加わったことです。仏教では、人間に限らず動物を殺すことを「悪」ととらえる。これがキリスト教の社会だと、動物は神様が人間に与えてくれた贈物ということになっているので、殺すほうにも罪悪感はありません。

また、後に入ってきた儒教も、この偏見を助長しました。「男子厨房《ちゅうぼう》に入らず」（男は台所に入らない）という格言のもともとの出典は、『孟子《もうし》』です。『孟子』の『梁恵王章句《りょうけいおうしょうく》』にある「君子《くんし》は庖厨《ほうちゅう》を遠ざくるなり」（立派な男子は台所を遠くに建てる）というのが、言い換えられたものです。私自身、孟子が好きで座右《ざゆう》の銘《めい》にしている名文句が多いのですが、この言葉だけはいただけません。孟子はなぜこんなことを言ったか、その前後を読むと、「立派な人間は鳥獣の殺される姿を見るに忍びない」、だから「台所は遠くに建てたほうがよい」というのです。

ずいぶん勝手な言い草だと思いませんか。こういうことを口にする人間が、一切肉食を断つというなら、それはそれで一貫している。しかし、孟子も含めて中国人は、おそらく世界有数の肉食人種で、ほとんどどんな肉でも食べる。場合によっては人肉も食べるのです（孔子の弟子の子路《しろ》が敵に食われたのは有名）。

要するにこれは、自分の手は汚さずに嫌なことは他人にさせようという思想なのです。このように、そういうことをするのは君子（立派な人間）ではないと規定すればどうなるか。自動的に動物を殺す人間は下等な人間だということになってしまいます。しかし、実際問題として誰もが肉を食べているのだから、誰かが殺さなければならない。しかし、**自分が君子と自認している人間はそれを避け、弱者に無理矢理それをやらせることになる。これが職業差別の始まりです。**

あの「民主的な」孟子がどうしてこんなことを、とも思うのですが、これが時代的限界というものでしょう。考えてみれば、孟子は紀元前四世紀の人なのです。君子は手を汚さない、手を汚すのは下等な人間である——この偏見は今も根強くわれわれを支配しています。

日本の中世あたりでは、この儒教の「君子は手を汚さず」という思想と、神道の「死は穢れ」という思想、さらに仏教の「殺生（殺すこと）は悪」という三つの思想があいまって、動物を殺すことはきわめて悪いことで、避けるべきことであるという概念が強固になりました。

しかし、日本でも実際問題として、誰かが動物を殺さなければならない。と言うと、「中世の日本人は牛肉や豚肉は食べなかったじゃないか」という反論があるかもしれない。そういう人は皮革のことを忘れているのです。昔は合成繊維もなければプラスチックもありません。そういう時代であるから、皮革の用途はいまよりずっと広く、需要はずっと多かった。しかし、中世の日本人にとって「死に触れること」「動物を殺すこと」は絶対に自分の手ではやりたくないことであったのです。

そこで彼らは考えました。たまたま戦争に負けて捕虜になったとか、何かの事情で「ケガレ」た者を、そういう作業に従事させることにした。さらには社会の脱落者とか、たまたま法を犯して前科者になってしまったとか、単に政争に負けただけの者にも、そういうことをやらせたのです。

もちろんそういう人間は、社会に不可欠です。その人たちがいなければ、絶対に必要な皮革は手に入らない。しかし、社会に不可欠な仕事をしているから尊敬するということはなく、むしろ逆に、彼らを帳簿上は存在していない民として扱い、非人（人に非《あら》ざる者）などと呼んで、その子孫にも無理矢理同じ仕事をさせ、そのことによって自分たちが殺生やケガレに関係していないと思い込もうとしたわけです。

この態度が何に基づくかは、いまさら繰り返すまでもないでしょう。まったくひどい話です。その態度が尾を曳《ひ》いて、今でも日本人は、米を食べる時にそれを作ってくれた農民に感謝することはあっても、肉を食べる時、それを殺してくれた人に感謝することはない。殺してくれなければ食べられないにもかかわらず、そして自分が殺すことは嫌であるにもかかわらず、殺してくれた人に感謝するということはないのです。これは無意識に「殺生」を排除することによって、それが「殺された動物の肉」であるという現実を、頭の中から消し去ろうとしているのです。言葉を消せば現実も消える――これがどういう考えに基づくか、いまさら説明するまでもないでしょう。

なぜ中世の天皇は鎧《よろい》をつけていないのか

「死はケガレ」であり「殺生は悪」である、となると、もう一つ、差別の対象となる存在があります。「死」に日常的に触れ、「殺」を生業《なりわい》とする人々――もう、お分かりでしょう、武士です。

武士、サムライ、広い意味でも軍人は、国家になくてはならぬ存在です。ある国や民族は存立していくためには、必ずそれを守る集団が必要になります。あらためて強調するのもばかばかしいほどの、当たり前の話です。人類が歴史に登場して以来、無数の国家が興《おこ》り、また消えていきました。しかし、**その中でも国家が公式に軍隊を消してしまったという国は、世界広しといえども、おそらく日本だけではないでしょうか。**あの「右の頰《ほお》を打たれたら左の頰をさし出せ」と教えるバチカン市国ですら、象徴的なものですが警備兵はいます。

消したと言いましたが、無論廃止ではない。帳簿上は消えたが実体は残る。兵士は健児《こんでい》と名を変えて残った。そして名目上軍隊を消しても、争乱（という現実）は消えない。その現実に対応してサムライが生まれる。争乱がある以上、サムライは不可欠の存在です。

しかし、平安貴族、平安コトダマイストたちは、不可欠だから尊敬するという態度には出ない。むしろ蔑視し排除しようとする。その人権は認めないし、尊敬もしない。

そして、第二次平安時代の現在、人々は同じことを自衛隊に対してやっているのです。

話は変わりますが、私は長い間、中世の天皇が鎧《よろい》を着ない理由が分かりませんでした。というのは、古代の天皇、自らの軍団を持ち、先頭に立って戦った天皇たちは、古墳から出土するような、あの金銅製の鎧を身につけて戦ったに違いない。

ところが中世の天皇はまったく鎧というものを身につけていません。後醍醐天皇のように「都落ち」し、戦場にいたこともある天皇ですら、鎧を身につけたという記録がないのです。私は、これを天皇が完全に軍事から離れたためと見ていたのですが、もう一つ重大な理由に気がつきました。そして、こんな簡単なことに気がつかなかった自分の不明を恥じました。

その答えは、古代の甲冑《かっちゅう》は金属性だが、中世の鎧は武士のもので、皮革製だからなのです。武将の鎧に金属がふんだんに用いられるようになったのは鉄砲伝来以降で、もちろん防御力を増すためです。それまでは皮革をつなぎ合わせたものが、武士の鎧でした。言うまでもなく皮革とは、殺された動物から剝《は》いだものです。

そういうものを着用して、日常的に「死」と「殺」に触れている人間を、コトダマイストがどう見たか、これも繰り返す必要はないでしょう。

なぜ検非違使《けびいし》は法律外の存在なのか

われわれの「自衛官差別」は、実は部落差別と根は同じものなのです。しかし、にわかに信じられない人もいるでしょう。そこで、そのことを証明する別の事実を挙げておきましょう。

それは、中世における「令外《りょうげ》の官」検非違使《けびいし》の存在です。

「令外の官」とは「律令の規定にない官」という意味。律令というのは、古代から中世にかけての国家の基本法ですから、つまり、憲法と言い換えてもまちがいではありません。したがって、令外の官とは「憲法には規定されていない官」ということになる。その中で、検非違使は特に重要な存在です。というのは、それは軍事と警察を司《つかさど》る官であるからなのです。ちなみに辞典を引くと、次のように記載されています。

検非違使　「1」平安初期から置かれ、京中の非法・非違を検察し、糾弾《きゅうだん》・追捕《ついぶ》・断

罪・聴訟を掌《つかさど》った職。今の裁判官と警察官とを兼ね、権限は強大であった。(以下略)(広辞苑)

最初は今でいう警察でしたが、後に権限が強大化し軍事も行なうようになりました。しかし、軍事といっても、せいぜい治安出動が限度で、この意味でも、設立当初、警察予備隊と呼ばれた自衛隊と似通っています。

ところで、現代の警察官の方々には、まことに申しわけないのですが、広い意味で警察業務にたずさわる者も、かつては差別の対象でした。こういうことを言うと、今までは「警察官の士気に影響する」などという反対論が出て、事実の指摘そのものが封じられてしまうのですが、しかし、事実は事実です。それに、そういう事実の封殺は、結局は誰のためにもならないということを、私は何度も説明してきたつもりです。

では、なぜ、警察という「正義の執行者」であり、どんな国家形態であろうと必要とされるものが、差別の対象となったのか。

理由は簡単で、警察官は日常「犯罪者」「罪人」というケガレたものと接しなければいけないからなのです。一昔前の時代劇映画や講談には、悪人が同心《どうしん》(警察官)を罵倒する言葉として「不浄役人」という言葉が使われていました。意味は「浄《きよ》められていない役人」――ケガレている役人」という意味ですが、無論これは、入浴の有無《うむ》とはまったく関係なく、「罪」に触れている人間ということです。こういうセリフも最近は使われなくなり、深夜映画でもカットされているようです。そういうことをすれば、結局、歴史をごまかすことになり、いつまでも差別感だけが残ることになります。

もともと律令制というのは、中国から来た制度で、その中には、軍事や警察を担当する部分も含まれていました。中国人も名前の呼び方などではコトダマイストですが、基本的にはリアリストです。だから軍事や警察を普通の行政に比べて一段低くは見ても、差別まではしない。律令制度の中に警察部門や裁判部門がきちんと規定されているのが、その証拠です。ところが、日本では律令を採用しながら、この部門は有名無実化し、実際には切り離して、一つにまとめ基本法の外に置きました。これが検非違使なのです。

「ケガレ」を清める職業を差別する不思議

数年前まで、こんなことを言うと異論邪説として葬《ほうむ》られていたでしょうが、現在では学界でも「ケガレ」と「検非違使」の関連に注目する学者が出てきました。

たとえば大阪教育大学の丹生谷哲一《にうのやてついち》教授（現名誉教授）は、検非違使が天皇の行幸や大葬など重要な儀式の際、その掃除役をつとめる役職でもあったことを、さらに検非違使が中世の身分秩序の要《かなめ》であり、非人世界と国家を結ぶ一種の接点であったことを解明し、反響を呼びました。

掃除というのも、社会に絶対不可欠な仕事でありながら、ケガレを忌み嫌う社会では、差別される気の毒な職業です。丹生谷教授の研究によって検非違使は、非人を統轄し、こうした軍事、警察そして掃除を一手に引き受けていたということが明らかにされたのです。軍事と掃除というと、いかにもとっぴな結び付きのように思えますが、ケガレという概念を持ち出せば、簡単に結びつきます。

要するに、これらはすべて「ケガレ」を「キヨメ」る仕事なのです。ゴミというケガレをキヨメるのが掃除であり、罪人・犯罪というケガレをキヨメるのが警察、そして、さらに大規模な争乱や謀反《むほん》人といったケガレに対処し、場合によっては「殺生」という新たなケガレを生み出しながら、キヨメの役目を果たすのが軍隊なのです。**そしてこれらの職業は、社会に絶対に必要な職業であるにもかかわらず、ケガレに日常的に触れ、ケガレを事挙げしているという、まったく非科学的な理由によって差別されていたのです。**

こういう悪習とは、いいかげんに手を切ろうではありませんか。

そのためには、まず憲法第九条を改正して自衛隊を「認知」することです。これは、自衛官にも「市民権」を与えるという、ごく当たり前の、そして日本以外の国ではすべて行なわれていることなのですから。そして、そうすることが、われわれの内なる差別意識をなくすことにもなるのです。

それにしても、憲法第九条、どうしてわれわれはこの条項にこだわるのでしょう。どうしてムキになるのでしょう。

その理由を次章で解明していきましょう。

第四章

契約と言霊

――「有事」を想定しない契約の危険――

日本人特有の「誠意条項」

憲法第九条の問題に入る前に、日本人と法律、日本人と契約の問題を検討したいと思います。実はその問いの中に、憲法問題への解答が含まれるのです。

特に、問題は「契約」にあります。

日本人が契約下手なことは、いまや世界的定評があります。契約条項にペナルティを記《しる》しておかなかったために、相手の契約違反に対して何の措置も取れず、外人の顧問弁護士に笑われたとか——失敗談は枚挙にいとまがありません。あなたがビジネスマンなら、先輩上司の失敗談を一つや二つは聞いたことがあるはずです。

日本はアジアの先進国ですが、こと契約に関するかぎりは、中国や韓国よりも下手かもしれません。

その理由として、まず上げられるのは日本にはキリスト教やイスラム教のような、契約を主体とした宗教がない、ということです。確かに、宗教のような基本原理に契約という概念が盛り込まれているのと、いないのとでは、日常の生活にも違いが出てくるでしょう。

日本人は日常、契約を結ぶ機会が欧米人に比べて極端に少ない。早い話が、私ですら、出版社と出版契約を結んでいるわけではありません。本来なら、まず枚数を決め、印税率を確認し、〆切（納期）を定め、印税の支払時期および方法を明記し、さらにトラブルが起きた場合の処理、ペナルティ等の条項を盛り込んだ契約書を双方が交《か》わすべきなのですが。

しかし、実態は全部口約束です。もちろん期間と枚数、それに〆切ぐらいは聞きますが、事前に出版部数を確かめたりはしません。本当は出版部数ぐらい確かめたほうがいいのですが、私はかつて新人のころ、単なる好奇心から自分の原稿料はいくらかと尋ねたところ、いつの間にか「金にこまかい新人」という噂が広まっていて、愕然《がくぜん》としたことがあります。出版界では、事前に額を尋ねないことが慣習になっていたらしい。最近は、若手やビジネス界出身の作家が増えたため、そんなことはなくなったらしいのですが、それはほんの三〇年前のことです。

自分のもらう報酬の額さえ確かめられないのだから、きちんとした契約などできるはずもない。もっとも本当の意味での契約を結ぶとなると、作家が〆切を守れなかった場合は、当然ペナルティが科せられることになる。だからご免だよという作家のほうが多い。正直言うと私もその口です。

欧米とくにアメリカでは話は別です。気のきいた作家は、ほとんど代理人《エージェント》を雇っているし、もちろん代理人とは契約によって結ばれています。出版社が作家に、何年何月までに原稿を書き上げることを条件に、前渡し金を払うこともあります。当然、契約が結ばれます。また契約にはトラブルが付きものですから、出版社も作家も顧問弁護士を抱えているということになる。医者ほどではないにしても、弁護士は絶対に必要なのです。日本では顧問弁護士がいる作家などは、おそらく十指に満たないのではないでしょうか。少なくとも私の友人知人にはいません。

なぜ、弁護士を抱えないのか。

カンのいい人はこれだけ言っただけで、もう答えがおわかりでしょう。

言霊なのです。

自衛官や、あるいは武士に対するのと同じように、コトダマイストは、弁護士という存在自体が「トラブル」を「事挙げ」していると感じるからです。だから、そういうものは遠ざけようとする。弁護士も、今でこそ花形職業ですが、かつては蔑視されたこともありました。三百代言《さんびゃくだいげん》という蔑称があったのを年配の人なら、覚えておられるでしょう。これはもともと代言人（弁護士の旧称）のニセモノを指す言葉でしたが、そのうちにホンモノの代言人を罵倒するのにも使われるようになったのです。

言霊の世界では、どうしてもこういう職業は、その正当性、必要性が無視され、不当に、さげすまれることになってしまいます。これには、先にも述べた儒教の影響もあるはずです。君子は争わない、争わないのが立派な人間である。したがって争いを助けるような職業は、立派な人間のやることではない、ということになってしまうのです。

「憲法違反」の自衛隊をイジメるのに実に熱心な弁護士もいらっしゃるが、本当は言霊社会で不当にさげすまれる者同士、共闘してもおかしくないのです。自衛官も弁護士も不当に軽視される理由は同じなのですから。

とにかく、最も厳しいビジネス社会では、リアリストでなければ生きていけません。だから会社としては顧問弁護士を雇う。しかし、会社を離れて個人に戻ると、やはり弁護士を雇っている人はほとんどいません。

こういう世界ですから、契約に習熟しないのも無理はありません。しかし、日本人が契約下手な最大の理由は別にある、と私は考えています。

日本人がアメリカ人の交わす契約書を見て、まず驚くのはその分厚さです。日本のような紙一枚のペラペラの契約書などまずありません。映画や小説で「弁護士に調べさせてから、サインして送り返す」とのセリフが目につきますが、あれほど分厚いなら、それもやむをえないかなという気がしてきます。

アメリカの契約書はなぜ分厚いのか。日本の契約書はなぜ薄っぺらいのか。それはアメリカの契約書が、トラブルまで含め、あらゆるケースを想定して、この場合はこう、この場合はこうと事細かに規定してあるからです。日本はそういうことはあまりせずに、いわゆる「誠意条項」というやつで話をすましてしまいます。つまり、何か想定しきれないトラブルがあったら、双方が「誠意」をもって解決に当たる、というやつです。「誠意をもって」と言いますが、トラブルが起きた場合、相手が誠意をもって事に当たる保証がどこにあるかと、外人はよく皮肉を言います。

まさにそのとおりで、これは日本人社会だけで通用する論理でしょう。では、どうして誠意条項が生まれたのか。日本人は互いに共通の倫理を持っており、事細かに対応を定めなくてもトラブルの処理ができるからというのが、これまでの説明でした。もちろんそれもあるでしょうが、実はこれも言霊の影響なのです。何でもかんでも言霊にこじつけているように思われる向きもあるかもしれませんが、これは事実です。

なぜそう言えるか、ここで少し考えていただきたいのです。これは言霊の応用問題としても、なかなかひねりの利《き》いた面白い問題です。ヒントは、もし誠意条項がないとすると、契約書にあらゆるトラブルを想定して盛り込まねばならない、というところにあります。

一例を挙げておきましょう。二〇〇〇年に実際に起きた事件ですが、当時の運輸省と宇宙開発事業団が一問着《ひともんちゃく》を起こしました。毎日新聞にはこうあります。（十月十五日付）

「運輸省の運輸多目的衛星『MTSAT』を搭載した国産のH2ロケット8号機の打ち上げが昨年11月、失敗した問題で、打ち上げを行った宇宙開発事業団が運輸省と気象庁を相手取り、打ち上げ費用の分担金の残額35億円の支払いを求める民事調停を、東京地裁に申し立てていたことが15日、分かった。運輸省側が打ち上げ失敗を理由に支払いを拒んだためだ。失敗時の費用負担方法などが契約書に明示されていなかったことも大きな原因で、第三者の司法に判断がゆだねられた」

と記事冒頭にあります。気象衛星は運輸省と気象庁が共同開発したものですが、それを大気圏外にロケットに乗せて打ち上げてもらうように、宇宙開発事業団に前金を払って依頼しました。しかし、滅多にないこととはいえ、宇宙開発事業団のロケット打ち上げは失敗。何百億もかけて造った衛星は宇宙の藻屑《もくず》となりました。そこで運輸省と気象庁は「残りの金は払わない」と言い出したわけです。

それに対して宇宙開発事業団は「ロケットを打ち上げたのは事実なのだから残りの金も払ってくれ」と主張。折り合いがつかずに、判断は司法に委《ゆだ》ねられたのです。

このようなことが他の先進国で起こるでしょうか。「失敗時の費用負担の方法が契約書に明示されていなかった」など言いわけにもなりません。こんな馬鹿な契約書は、契約書として成立しないのが世界の常識です。人間のやることですから絶対失敗しないなどということはなく、失敗した時のことを想定して、残金はいついつまでに支払う、その場合は○%の支払いで双方納得するといったことをあらかじめ決めておくのが、ビジネスの基本です。

それなのにこともあろうに、日本の最高頭脳を持つといってもいい人たちが怠ってしまいました。失敗したときのことを言えば（言挙げすれば）もし本当に失敗したときに「縁起でもないことを想定したからだ」との、言うに言われぬ「圧力」を掛けられるのを無意識のうちに怖れた、としか考えられません。

まさしく言霊は、現代科学の最前線でも生きているのです。

新規の原発建設の候補地があったとしましょう。現地住民に対する説明会で、住民から「原発は一〇〇％事故を起こしませんか？　本当に完全に安全ですか？」と聞かれたとします。言霊の呪縛にとらわれない良心的な技術者なら「人間の造るものですから故障もあるし、壊れることもあるでしょう」と正直に答えるでしょうが、そんな技術者はまずいません。「絶対に大丈夫です。事故などありえません」と答える技術者ばかりです。理由はもうお分かりですね。

もう一つ、例証を挙げておきます。

二〇一一年三月十一日の東日本大震災で福島第一原子力発電所では津波に襲われた直後から炉心融解、つまりメルトダウンが始まっていました。海外の報道機関は、常識に照らして、「当然メルトダウンしているだろう」という観点から報道を開始しました。

けれども日本の新聞は、そうではありませんでした。五月十八日になって、朝日新聞は「天声人語」で「メルトダウンは軽々しく使える言葉ではなかった。なにしろ、原子炉の燃料棒が自らの熱で溶け落ちる悪夢である。燃料の損傷という軽い響きも、炉心融解と正直に書けば、ただならぬ気配に腰が浮く」と、告白しています。

「軽々しく使える言葉ではなかった」というのは、取りも直さず、「その言葉を使えばメルトダウンが実際に起きてしまうので書けなかった」ということです。「幽霊の正体見たり、枯れ尾花」という思いがしました。

この「天声人語」が掲載された前日、東京電力はメルトダウンの事実をついに隠しきれなくなって、記者会見を開いて発表。それを受けて「(気づいていたのに)書けなかった」と言い訳しているのです。報道の前線にいるべき「天声人語」の筆者が、言霊の力を信じ、怖がっていた証拠です。

教会結婚式での「誓いの言葉」の真意

日米の最もシンプルな契約の例を挙げて、このことを証明しましょう。

若者の間では、教会での結婚式のほうがいいという人が増えているそうです。チャペル、ウェディングドレス、誓いの言葉など、ロマンティックなムードがいいのかもしれません。

その結婚式での誓いの言葉は、だいたい次のようなものです。

Do you, ――――【新郎(新婦)の名前】, accept in Holy Matrimony this woman (man)　for better or for worse, in sickness or in health until death do you part ?

汝《なんじ》は、この女性（男性）をよきにつけ悪《あ》しきにつけ、病いのときも健《すこ》やかなる時も、死が二人を分《わ》かつまで、聖なる結婚により妻（夫）とするや。

これを新郎、新婦それぞれに聞く。双方が I do (accept). と答えれば結婚は成立する。私は女子学生と話をする際、よくこの誓詞《せいし》について聞きます。「これをロマンティックな文句だと思いますか？」と。一〇人が一〇人、もちろんそうと答えます。男性に聞いてもおそらく同じでしょう。「死が二人を分かつまで」というところが、とても好きだと言った女性もいました。

しかし、夢をこわすようで申しわけないのですが、これは実はロマンティックな言葉ではないのです。

日本語というのは実にロマンのある言葉で、どんな散文的な問題でもロマンがあるように見えてしまう。私は日本語そのものは大好きなのですが、やはり契約や戦争には向いていない言葉だと言わざるをえません。なぜ、そう言えるか。たとえば私が日本での結婚式に招かれたとして、次のような挨拶をしたらどうなるか。

「本日は本当におめでとうございます。ところで夫婦というものは、ずっと健康で長生きすればいいには決まっていますが、皆さんご承知のように必ずしもそういうわけには参りません。むしろそういうケースのほうが少ない。ですから、まずここでお二人にどちらかが病気になった場合、それがたとえガンであろうと他の不治の病であろうと、必ず相手を捨てたりしないということを確認しておくことを望みたいと思います」

このくらいなら、おめでたい席でも、まだ許されるかもしれません。しかし、さらにこう付け加えればどうか。

「また夫婦というものは、ほとんどの場合、どちらか一方が先に死ぬものであります。同時に死ぬケースを考えてみますと、飛行機事故のようなもので二人一緒に死ぬか、あるいは心中するか、強盗にあって二人とも殺されるというような場合しか考えられません。きわめて稀《まれ》であり、九九パーセントまでは夫婦はどちらかに先立たれるのですから、この際、どちらかが先に死んだ場合、残されたほうの身の振りかたについて、きっちり決めておくことが必要かと存じます」

そこまで言ったら、おめでたい席で「なんと不吉なことを言うやつだ」と、叩き出されるかもしれないですね。人によっては「晴れの結婚式に『病気』とか『死』とかいう言葉を使うなんて、なんと縁起の悪い」と非難するかもしれません。

しかしここでもう一度、先のキリスト教式結婚式の誓いを見直してもらいたいのです。いま述べたことと、誓いの内容は実はまったく同じなのですから。

「死が二人を分かつまで」とはどういうことか。分かりやすいように書き直せば「この婚姻（契約）は夫婦どちらかの死をもって終了する」ということです。そして契約が終了するのだから、新しい契約を結んでもかまわない。すなわち自由に再婚していいということです。だからジャクリーン・ケネディがオナシスと再婚しても、誰も文句は言わないわけです。

日本ではどうか。とくに女性の場合、夫に先立たれると「未亡人」などという前近代的な名称で呼ばれるうえ、いつ再婚していいのかということに基準がない。もちろん、法律上は六カ月を経過すれば誰と再婚してもいいはずですが、夫の家の内情、本人の年齢、子どもの数などによって千差万別というのが実情ではないでしょうか。

しかし、前述したように、夫婦というものはどちらかに先立たれるのが普通です。統計をとったわけではないのですが一〇〇組の夫婦がいれば、そのうち夫と妻が同時に死ぬというケースは一割もないのではないでしょうか。それならば、九割以上のケースに対して、どう対応するのかを決めておくのが契約上当然の処置です。したがって、あのような文言になるのです。もう一度あの英文の誓いをわかりやすいように、リアリスティックに訳してみましょう。

あなたはこの女性を妻とするにあたって、次の条項を守りますか。彼女がよき妻であろうと悪い妻であろうと、妻としつづけなければならない。彼女が健康な時はもちろん、病気の時も見捨てたりしてはいけない。なお、この神聖な結婚契約は、あなたかあなたの妻の死によって終了します。

本来の契約というものは、将来起こりうるあらゆるトラブルを想定し、その対策を書いておくものであり、その意味でこれも立派な契約なのです。

言霊信仰に基づく「祝詞《のりと》」

では、日本の結婚式における誓いはどうか。代表的なのが「祝詞《のりと》」でしょう。文字に起こして読んでみる機会はあまりないでしょうから、ここに紹介してみます。

掛《か》けまくも畏《かしこ》き○○神社の大前《おほまえ》に、恐《かしこ》み恐《かしこ》み白《まを》さく、風《かぜ》の音《と》の遠《とほ》き神代《かみよ》の昔《むかし》、伊邪那《いざな》岐伊邪那美《ぎいざなみ》二柱神《ふたはしらのかみ》の興《おこ》し給《たま》ひ創《はじ》め給《たま》ひし婚姻《とつぎ》の道《みち》に神習《かむなら》ひ奉《まつ》りて、此度《こたび》○○○○《新郎氏名》と○○○○《新婦氏名》い、○○○○《媒酌人氏名》を媒介人《なかだちびと》として礼式《ゐやわざ》厳《いか》しく美《うるは》しく執行《とりおこな》はむと、八十日日《やそかび》は有《あ》れども今日《けふ》を生日《いくひ》の足日《たるひ》と斎定《いはひさだ》めて、礼代《ゐやじろ》の幣帛《みてぐら》及《また》御食《みけ》御酒《みき》種々《くさぐさ》の物《もの》を献奉《たてまつ》りて、如此《かく》の由《よし》告奉《つげまつ》り拝奉《をろがみまつ》らくを平《たひ》らけく安《やす》らけく聞食《きこしめ》し、又奏奉《またかなでまつ》る歌舞《うたまひ》の技《わざ》をも米具《めぐ》し宇牟加《うむか》しと見曾奈《みそな》はし坐《ま》して、今《いま》ゆ往先《ゆくさき》此《こ》の夫婦《めのと》の契《ちぎり》は堅磐《かきは》に常磐《ときは》に変《かは》る事無《ことな》く移《うつ》ろふ事無《ことな》く、玉《たま》椿《つばき》八千代《やちよ》を掛《か》けて相睦《あひむつ》び相扶《あひたす》けて家《いへ》の棟門《むねかど》弥高《いやたか》に弥広《いやひろ》に起《おこ》さしめ給《たま》ひ、又世《またよ》の為人《ためひと》の為《ため》に尽《つく》さしめ給《たま》ひ、相共《あひとも》に寿命《いのち》長《なが》く久《ひさ》しく子孫《うみのこ》の八十続《やそつづき》五十橿《いかし》八桑枝《やぐはえ》の如《ごと》く、立栄《たちさかえ》しめ給《たま》へと恐《かしこ》み恐《かしこ》み白《まを》す。

（『祝詞入門』　小野迪夫著　日本文芸社刊）

いま「誓い」と私は言いましたが、祝詞は神への報告文と考えたほうがいいかもしれません。結婚を神へ報告することによって、認証を受けるという形です。一読すれば分かる通り「死」や「病気」などという不吉な言葉は一切使っていません。言うまでもなく、祝詞は言霊信仰に基づくものなのです。祝詞が、言霊信仰の生み出したものであることは学界の定説でもあります。

生命保険は本来の契約に近い

このへんで最初の疑問の解答がお分かりになったと思います。どうして日本の契約書は紙一枚なのか、なぜ日本人は契約が下手なのか。それは、日本の契約書は「祝詞」になってしまうからなのです。契約というものは本来、当事者の死、事故、契約違反など、あらゆるトラブルを想定しておかなければならないのですが、言霊の支配下にある日本人には、どうしてもこれが苦手になってしまいます。

言霊の世界では、不吉なこと、縁起の悪いことを想定し、文章にすればするほど、それを言挙げしたことになり、実現してしまうような錯覚にとらわれてしまいます。もちろんそれは迷信で、言ったり書いたりしたことが、必ず実現するなどということはありえないのですが、にもかかわらず日本人はその影響下にあり、行動を常に規制されていることは、再三力説したとおりなのです。

それゆえ、こういうことでかなり経験を積んだベテランでも、ついつい不吉な事態を契約条項から省いてしまったりする。その結果、ペナルティをつけ忘れ、外人弁護士に笑われたりするということにもなるわけです。

しかし、それも無理もないとも言えます。日本の社会は何でも祝詞を基本としており、将来のトラブルは、できるだけ露骨に書いたりはしない社会です。そんな社会から、いきなり結婚の終期すら冷静に決めておく社会に行って、うまく対応ができたら、それこそ天才ではないでしょうか。

そういえば、例のキリスト教式結婚式の誓いの文句も、最近は〝death do you part?〟の部分を「命のある限り」と訳している場合が多いようです。原文に death（死）という言葉があるのに、どうして言い換えをしたのだろうか？　「死」という言葉の言霊を嫌ったのだろう、と書けば、キリスト教団から抗議が来るでしょうか。

ここで、ビジネスマンでも何でもない普通の日本人が、日常行なう契約の中で日本的な要素が少なく、本来の契約に近いものがないか考えてみましょう。

一つあります。それは生命保険の契約です。

生命保険は、そもそも「契約者の将来の死」を前提にしているから、逆にビジネスライクにことが運ぶことになります。「死」という不吉な縁起でもないことが想定されている以上、それ以下の縁起でもないことは、いくらでも書けるのです。根っからのコトダマイストも、死や病というものが前提ですから、リアリストにならざるをえません。片眼をなくしたらいくら、両手をなくしたら、半身不随になったらと、次々に縁起でもない想定が続きます。契約条項も実に細かい。これは案外知らない人が多いのですが、死亡でも「戦争・変乱・地震・原子核反応」による死は、保険金の支払いの対象にならない（たとえば原発事故で死んでもダメ）とか、老眼の人はメガネなしでは読めないような細かい字で書いてあります。これを普通のサイズに拡大すれば、欧米なみの分厚い契約書になるでしょう。

生命保険というと、昔気質の人には嫌われていました。「冗談じゃねえ、そんな縁起の悪いもの。とっとと帰《けえ》んな」。こんなセリフを浴びせられて、苦労したセールスマンも多かったと聞きます。そういう人にかぎって、客観的に見ると保険に入ったほうがいい場合が少なくないのですね。その人に、もし万一のことがあったら、家族が路頭に迷うだろうというケースがあるからです。

論理的に考えたら加入するのが当然だと思う人が、なぜ入らないのか。**これも言霊の影響で、つまり死を前提とした、あるいは不幸を前提としたものに近づきたくないという心理が働くからなのです。**そういうもの（言葉）に近づくことによって、不幸な事態が実現することを懸念するので、「とっとと帰んな」ということになるわけです。これも、リアリズムでは絶対に説明できない現象と言えましょう。

日本人は、他の面でも生命保険の契約と同じことを常にすればいいのではないでしょうか。危機管理でも未来予測でも、最悪の事態を考えておけばいいのです。それを考えておくことを厭《いと》わなければ、それ以下の事態については、いくらでも考えることができます。

将来、憲法の「写経」が行なわれる!?

さて、そこで話は憲法に戻ります。われわれは第九条になぜこだわり、ムキになるのか。戦後は、「平和を絶対に守る」という立場から、一貫してこの第九条に対する批判どころか、批判的な分析すらタブーの状態でした。この第九条を認める者は平和主義者で絶対に正しく、批判する者は右翼・軍国主義者である、というのが大方の考え方で、いまもマスコミはこの二分法を使っています。確かに分かりやすいことは分かりやすいのですが、もはや、この二分法は時代遅れもいいところではないでしょうか。

本来、民主主義、自由主義下における討論は、意見として何を言ってもいいのです。批判はタブー、批判すること自体許されないというなら、それは戦前の天皇制と同じこと。では、**どうして第九条の支持者はヒステリックに批判者を攻撃するかといえば、もうお分**

かりでしょう。この第九条が言霊化しているからなのです。

憲法自体が祝詞《のりと》と化しているのですから当然です。コトダマイストにとってみれば、都に平安京と名付ければ、現実の世の中はどうあろうと、世は「平安」となる。同じように「平和憲法」を守れば世界は「平和」になるのでした。たとえ現実がどうあろうと、そんなことはコトダマイズムには何の関係もないこと。ただ言霊を守り、平和に反することを言挙げさせなければ、「平和」は実現するのです。現行憲法が祝詞であればこそ、人々はそれを「守る」ことに、あれほど熱心なのです。

日本人の言霊信仰を如実に語る例に、写経があります。

お経というのは、本来意味のあるものだから、それを読破し理解し実践しなければ何の価値もないはずですが、ところが、写経というのは意味もわからずただ写しているだけのこと。それを大勢に配るというなら、まだ意義もあるでしょうが、大半の人はそれをお寺に納めてしまう。これは、お経というものが形骸《けいがい》化し呪文と化し、それを写したり唱え（言挙げ）たりすることに価値があると考えられているからに他なりません。憲法もまた同じです。そのうちに憲法の「写経」が行なわれるかもしれない。これは冗談とは言えません。

しかし、憲法が祝詞であるとすると、どういうことになるか。先に述べたように、日本の契約書というものはそれが祝詞になるゆえに、契約書としては不完全なものになってしまいます。憲法というものは、主権者である国民と国の間に交わされた「平和を守ります」「人権を保障します」という内容の契約書のはずです。では、憲法が祝詞であるならば、契約としては不完全だということにならないか。実はなるのです。

そのことを論理的に証明いたしましょう。

日本だけにしか通用しない論理

コトダマイストは「憲法を守れ」と言う。この言葉には「憲法の条項を守れ」という意味と、「この憲法自体が変革されないように護《まも》れ」という二つの意味があります。このことは、誰しも異論がないはずです。前者は問題ない。問題は後者です。つまり、憲法自体を変革されないようにどうやって護るか、ということなのです。

ただ「憲法を護れ」と叫べばいいとか、いかにガチガチのコトダマイストでも言わないでしょう。少なくとも、「憲法改悪をたくらむ政党が衆参両院議席の三分の二を占めないように注意しよう」ぐらいのことは言うはずです。しかし、これだけでいいのか。

そもそも一般的に、あるものを守る（護る）というのは、どういう手段を取ればいいのか。

リアリストの目で見れば答えは一つです。つまり、その対象物がどんな攻撃を受ければ滅びてしまうのか、その一つ一つを具体的に想定し、対処手段を考えることです。

たとえば伝染病を予防するなら、考えられる感染ルートをすべて想定し、これを防ぐ措置を講じればいい。これは契約書で起こりうるあらゆるトラブルを条文に載《の》せておくのと、まったく同じ作業です。このコトダマイストが最も苦手とする作業を、日本国憲法を護る（護憲）ことについて行なえばどうなるか。

一つは先に述べた手段でいい。憲法変革を唱える政党に多数の議席を与えないということです。しかし、これだけでは不充分です。日本の憲法学者の本を読むと、故意か無意識にか明言を避けている、もう一つの場合があります。

それは外国の侵略によって、日本が独立を失い、日本国憲法が停止ないしは廃止される場合です。これは、たとえば国際法の本なら、「国家の消滅」という項に、詳細に解説してあります。可能性として考えるかぎり、自国が外国の侵略を受けることがないと断言することは、誰にでもできないはずではないでしょうか。**そうすると当然、真に「護憲」をつらぬくためには、そのための戦力を保持しておかねばならない、という結論になります。**

将来起こりうる、あらゆるトラブルを想定して、契約者相互が不利益を受けないよう予防措置を講じておくのが真の契約というものです。しかし、その視点からすると、現行憲法は「侵略トラブル」に対して、まったく対策を講じていません。もし仮に、こういう侵略というトラブルが起こった場合、被害を受けるのは、いったいどこの誰か。これは主権者たる国民ではないか。侵略があれば、当然国民の生命、財産あるいは自由・人権といったものは侵略されることになる。そういう大事なものを侵略されないために憲法はあるはずです。

だから、憲法を守るために、護憲のための軍隊が必要だというのは当然の発想なのです。たびたび繰り返すのも気がひけますが、これは日本以外の全世界で通用する当たり前の論理です。けれども、**言霊の支配下にある日本だけは、これまでさんざん述べた言霊の論理によって、これが「平和を害するとんでもない発想」ということにされてしまうのです。**

でも、自衛隊があるじゃないか、という意見には賛成できません。それは「認知」されていない「私生児」だからです。むしろ、今の状態が危険であることは、すでに言いました。

軍隊があると侵略を始めるのではないか、という意見には、だったらそういうことがないように法律をきちんと作ればいい、と私はあらためて繰り返します。日本に、かつて天皇のための軍隊はありました。しかし、民主国家日本を守るための正式な軍隊は、これまで一度も存在したことはありません。だから、これから、それを作ればいいのです。もちろんゼロから作り直す必要はない。自衛隊というこれまでの蓄積があるのだから、憲法第九条を改正することによって、認知すればいいのです。

また、徴兵制は復活する必要はまったくない。なぜなら「武士の魂」のない人間をいくら集めても、それこそ税金の無駄使いだからです。志願してきた人間だけで充分のはずです。

その自衛官たちも、いまさら天皇を守るためだけに死にたい、とは言わないでしょう。しかし、このままの状態で放置しておけば、屈辱感からそういう危険思想と結び付く可能性は大いにあります。憲法が彼らの存在自体を否定している以上、自衛官たちは、忠誠の対象を憲法以外に求めざるをえないからです。そうなったら、下手をすると、戦前の状態の再現になります。

そうなったら一番被害を受けるのは誰か。これまた繰り返す必要はありますまい。

やはり憲法第九条は改正すべきなのです。

それをすると「侵略する側」になるのではないかという不安があるなら、この憲法の理念を推進し、その実現を保障するための最低限の自衛力を置くと明記すればいいのです。

そして「最低限の自衛力」とは何を指すか、国民の間で議論を尽くし、法律で規定すればいいのです。

「無知な人ほど立派」な日本の平和主義者

ところが日本人は、ますます「戦争語追放」「平和祝詞言挙《のりと》げ」の方向を強めています。別な言葉で言えば、軍事常識について無知なのです。ジャーナリストですら、例外ではない。**皮肉な言い方をすれば言霊社会では、戦争を言挙げするような知識に無知であればあるほど立派な平和主義者、ジャーナリストということになるのです。**

おまえは和平を嫌うのか、と言われるかもしれませんが、そうではない。これは言ってみればケンカの仲裁なのです。仲裁人をつとめるなら、いざというとき実力でケンカを阻止する意志と準備がなくてはならない。頭に血がのぼっている相手に「金ならいくらでも出すから」と言っても、うまくいくとは限らない。しかし、日本がいざというとき出せるのは、いまのところは金（経済力）だけであるのが事実です。

たとえば、もし当事者たちが互いに「相手のことは信用できない。いつ攻撃してくるか分からないから、日本が中立監視軍を国境線に出してくれ」などと言い出したらどうするのか。その時点になって「いや日本は、海外派兵はできないことになってるから」と断るのか。当然、相手はその理由が理解できません。というのは「自衛隊」と呼ぼうと何と呼ぼうと、言霊に毒されていない外国人から見れば、それはあくまで「軍隊」である。日本は軍隊を持っている。しかも当事者の双方が、自分の国へ来てくれと許可を出しているのに、どうして来てくれないのか。日本人は口先だけで、和平を本気で実現する気がないのだ、と思われても仕方がないのではないでしょうか。

たとえば、飲み屋で二人がケンカしているとしましょう。仲裁に入った男が「まあまあ仲よくしましょう。言い分があるなら話を聞きましょう」と言ったとします。そこで、ケンカの当事者二人が「よし、分かった。じゃ場所を替えよう、立ち合い人として付き合ってくれ」と言われたとたん「いや、私はこの店の外では仲裁しないことにしています。この店を一歩も出ることはできません」などと言ったらどうなるのか。まずまちがいなく、双方とも怒り出すでしょう。「まじめに仲裁する気があるのか」と。それは当然の怒りです。

残念ながら、まだ世界は経済力だけで動くという時代にはなっていません。だから、軍事力を使うことの（もちろん侵略という意味ではない。軍事力＝侵略というのも、言霊に毒された偏《かたよ》った見方である）できない国が、そういうことに口を出すべきではないでしょう。少なくともホスト役になるべきではない。仲裁というのはむずかしい。失敗すれば双方から憎まれることだってありうるのです。

「有事」を想定しない法律の危険

また「有事立法」「海外派兵」といった問題でも、何でも反対というのは、おかしいどころか有害ですらある。「有事法制」は、テロの脅威に直面して二〇〇三年（小泉内閣時）にやっと成立しましたが、諸外国と違ってここに至るまでが、日本では実に大変でした。「有事立法」というのは、本来の意味だけを取れば「有事の際、どうすればいいかのマニュアル（手引き）を法制化しておく」というだけです。

本来の意味での有事立法は、国家にとって絶対に必要なものです。たとえば、大地震が起きて、あるいは核ミサイルが霞ヶ関を直撃し大臣が全員死亡したら、いったい日本国を誰が代表するのか、どうやって国民を助けるための方策を講じるのか。仮に「無条件降伏」することにしたところで、国民の代表者が決まっていなければ降伏することもできないはずです。

たとえばアメリカでは、大統領が死んだら、次は誰、次は誰と、順位がちゃんと決まっています。しかるに日本では、日本上空に国籍不明機が侵入し、国会議事堂へ向かっていたら、どうすればいいのか。日本ではこんな時どうするかということも、きちんと決められてはいないのです。**そういう不吉な想定をすることを、頭から拒否する精神構造がある**

から、そういうことになるわけです。

また、海外派兵は絶対だめだというのも、本来はおかしい。というのは、こういうケースを想定してみればいい。軍備をあまり持っていない国（たとえば南太平洋上の小国）の領海で、日本の客船がテロリストにシージャックされたとしましょう。テロリストの要求が身代金なら金で解決すればいいのですが、乗船している日本人を殺すことが目的だったら、どうするのか。政治テロが盛んな今、こういうことは可能性として常にあります。その時、誰が助けるのか。

その国の軍備は弱小で、とてもテロリストに対抗できないとしたら、どうするのか。また、外国の軍備に頼むといっても、そう簡単にはいかないでしょう。他国民のために死の危険を犯してまでも助けてくれる国など滅多にありません。日本の警察もそこまで対応できない。結局、自衛隊を派遣するほかはない、ということになります。その時、もし海外派兵は絶対禁止と決めてあったら、どうするのか。法律は曲げられないからといって出動を見合わせるのか、それとも人道的見地から超法規的に出動するのか？

いずれにせよ問題があります。前者を取ればそれは人質を見殺しにするということになります。憲法の大義のために犠牲になるというわけです。しかし新憲法というのは「大義のために死す」というような非人道的なことを、この世からなくすために作られたものではないのか。つまり憲法自体、日本国民の自由と安全を保障する義務があるはずです。それはいったいどこへ行ってしまうのか。

後者を取れば、軍隊という「危険な組織」が法律を無視して動けるという、法治国家にとっては致命的ともいえる前例を残すことになってしまいます。人質は助かるかもしれないが、そのことは結局、禍根《かこん》を残すのです。

一番いいのは、トラブルのあらゆる可能性を想定して「海外派兵は、こういう場合に限り許される」と明確に決めておくことでしょう。

戦前の日本軍が「居留民保護」を口実に出兵し、実際は侵略の口火を切ったことを、もちろん私は充分に分かっているつもりです。しかし、だからといって海外派兵＝侵略と定義し、頭から認めないという態度はまちがっていませんか。それは、派兵は「本当の保護の場合に限る」ということを明確に法律で規定しておけばいいのです。

「無条件降伏」の意味するもの

また、平和主義者によってよく語られる「無条件降伏論」というものにも、一言したい。

これは敵が攻めてきたら、何の抵抗もせず威厳をもって降伏すればいいというものだが、これも少しでも軍事的知識があれば、意味がないどころか、ひじょうに危険なものであることも、分かるはずです。無条件降伏したら、そのあとどうなるか？　そういう肝心な点を考えていない人が多い。では、お前は分かるのか、と言われそうですが、それは分かります。歴史上そういう例は、日本でも外国でもたくさんあるからです。

よく知られている例で言えば、少年時代の徳川家康です。彼の領国三河は、今川義元《いまがわよしもと》の駿河《するが》に併合されました。これは松平氏（家康）が今川氏に無条件降伏したということです。そのため今川氏の征戦にあたって三河兵は、常に戦死率の最も高い最前線に配置され、戦功を挙げても、ろくな褒賞をもらえないという、悲惨なことになりました。

また、映画「サウンド・オブ・ミュージック」（これは実話に基づく）で、トラップ大佐は、なぜスイスに脱出しなければならなかったか。こういうクイズを出すと、日本人の軍事常識のなさが如実に分かります。たいていの人は覚えていません。答えられる人はせいぜい「ナチスの圧迫を逃れて」と言う。これは不正解なのです。

彼の故国オーストリアは、ドイツに併合されました。これは要するに、ナチスに対して無条件降伏したということです。その瞬間から大佐は、自動的にドイツ軍人となりナチスのために働かなければならなくなった。それが嫌だからこそ脱出した。

よく無条件降伏したあと、徴兵令が来ても拒否すればいいなどという呑気なことを言う人がいますが、そんなことできるものではありません。占領（併合）されたということは、家族全部が人質に取られたということです。命令を聞く他はない。それが嫌なら、トラップ大佐のように家族全員連れて外国へでも逃げるしかない。しかし、そんなことができるのは例外者にすぎません。国民全部が、国を捨てて逃げることなどできないからです。

〝その日クラシー〟に明日はない

いま、われわれ日本人は、その意志に反して核爆弾製造を強制されることはありません。それは日本国政府が、非核三原則（核は持たない、作らない、持ち込ませない）を守っているからです。もっとも「持ち込ませない」は守っているとは言えませんが、少なくとも他の二原則については、誰しも順守されていることは認めることができましょう。

しかし、日本が侵略を受けて政府が倒されれば、この原則もたちまち反古《ほご》にされます。肉親を広島で失った人が核製造工場で働かされたり、反戦運動をしていた人が兵士として最前線に送られるかもしれません。家族全部が人質に取られている以上、命令に従うしかない――そういう状態を招くかもしれない「無条件降伏論」、これがまともな議論と言えるでしょうか。この論者は、そういう状態を想定しているのでしょうか。そうではないでしょう。ただ何となく争いを避けさえすれば、平和が実現すると思い込んでいるのです。

トラブルの想定を避け、一種の思考停止をし、戦争を言挙げするような事物を敬遠し、「平和よ来い」と叫べば平和は実現するのか?

それは結局、言挙げをしているだけで、基本的には雨乞《ご》いと同じことです。雨乞いで雨が降るなら誰も苦労はしません。

この、トラブルの想定を拒否し、一種の思考停止状態で過ごすことを、日本SF界のリアリスト小松左京《こまつさきょう》氏は、次のように言っています。

「テクノクラシーとか、メリトクラシーという言葉があるけども、日本はもう〝その日クラシー〟だと言うんです」

「その日クラシー」の世界に、確かに明日はないでしょう。

言霊をどう克服するか

いままでいろいろな言霊支配の実例を述べてきました。現代の日本を苦しめる病理現象のほとんどが、言霊の概念を導入することによって、説明できることがお分かりいただけたかと思います。

最後にもう一つ、一見不可解な日本特有の現象を、解明しておきましょう。

それは「ガン告知」の問題です。最近は患者さんへの告知が普及していますが、以前は「ガン告知」はタブー視されていました。

日本ではなぜアメリカのように、医師が患者にガンの告知をすることが出来なかったのか。もうここまでお読みになった読者にはお分かりのことでしょう。

この理由については、いろいろなことが言われています。日本はアメリカのように個人主義が徹底していないとか、アメリカでは医師が下手に隠しだてをすると、患者に訴えられることもあるが、日本ではそのようなことはないから告知しないのは当然だとか、日本人はアメリカ人のように信仰を持っておらず、死に対する覚悟が容易に定まらないからだとか、理由づけはいろいろされています。

しかし、医師が訴えられる云々《うんぬん》は医師側の問題であって、本当の理由はどうやら日本人がガンの告知に精神的に耐えられない（あるいは耐えられないと考えられている）ということらしい。

この問題を検討する際、必ず出てくるのが、ある高徳の禅僧の話です。ガン患者であったその禅僧がどうしても病名を知りたかったので、医師がこのぐらい修行した坊さんなら大丈夫だろうと告知したところ、みるみる真っ青になって衰弱死してしまったという話。これは医師の卵が必ず教わる話で、どうやら実話のようです。

このこともあって医学界では、どんな偉そうな人間もガンの告知には精神的に耐えられないという固定観念が出来上がったらしい。それならどうしてアメリカ人は平気なのか。いや、平気と言うのが言いすぎなら、告知により衰弱死する人が少ないのか。そこで、キリスト教の信仰が理由として持ち出されることになります。アメリカ人は宗教を持っているが日本人は無宗教である、だから耐えられない。そういう説明がなされるのです。

しかしこれは、残念ながらまちがいです。だいたいアメリカ人だって、不信仰な人間はいくらでもいるし、日本人でも信仰深い人はいます。だが、それならどうして日本人はそんなに告知にもろいのか。

もちろん、言霊信仰があるからです。かつてガンは死病でした。ガンと宣告（かつては告知と言わず宣告といいました。これも言い換えがなされたのです）されることは死を意味しました。**とくに言霊社会では、言葉と実体がシンクロするので、宣告すれば（ガン＝死です**

から）その言葉の示す「死」によって実体の「死」が確定してしまいます。逆にたとえガンでも、宣告しなければガンでなくなる（言葉を消せば実体も消える）ということになるのです。

だから医師のほうも言えないし、患者のほうでも聞きたくない。ガンだなどと言ってほしくない。真実を告げたにもかかわらず、なぜガンだと言ったなどと、当の患者から非難されることすらありうる。このような精神風土の中で、宣告や告知などできるはずがありません。

医学も科学であり、医者も科学者の一員です。だから、この問題の根底に言霊などという非科学的なものがあるとは認めがたいでしょう。その心情は充分に分かります。

しかし、あるものはある、とするのが真の科学者としての態度ではないでしょうか。

確かに、物理的に実体として言霊が存在するとは思えないかもしれません。それはそれでいい。しかし、実体はなくとも、その影響はあります。影響がある以上、やはり言霊は「存在」するのです。これは、たとえて言うなら「幻覚」のようなものなのです。幻覚とは、実際には存在しないものが、存在するように見える現象です。もし幻覚というものに対する一般的知識がない人間が、それに襲われたら「化物《ばけもの》が見えた」「怪獣が見えた」と騒ぎ出すかもしれません。これに対して、われわれは「それは幻覚ですよ」と説明する。それを理解してもらえば「化物」も「怪獣」も消える。少なくとも、それらは実在していないと納得してもらえることになります。

言霊もこれと同じことなのです。コトダマイストは、幻覚に襲われた人間が化物を見るように、「言葉と実体がシンクロする」という幻想に取り憑《つ》かれています。そういう意味では、たしかに言霊は「存在」します。幻覚という病理現象が「存在」するように。しかしこれが幻覚（幻聴）であることに気がつけば、その影響は消えるのです。もともと実体としてはないものなのですから、そのことに気がつきさえすれば、言霊の支配から脱し、言霊を克服することができるはずなのです。

それが唯一の言霊克服への道です。

言霊があるかぎり、民主主義だ、実存主義だ、ポスト構造主義だなどと新しい思想に飛びついても、結局はコトダマイズムの枠から抜けられません。逆に、**これさえ克服できれば、ガンは告知でき、差別は消え、言論は自由になり、よりよい社会ができると、私は信じています。**

日本人のあらゆる社会病理は、ぜんぶ言霊のせいだと言っても過言ではないのです。

この言霊を克服できないかぎり、日本民族に明日はないと言えましょう。

終章

日本史の底に流れる言霊

御霊信仰は日本史のある時点で突如起こったものではなく。わが国の歴史の当初からあり、おおよそ平安時代になって最盛期に達した、と考えるのが妥当であるかと思います。

もちろん、日本は八百万《やおよろず》の国ですから、この国の神はキリストのように唯一絶対ではありません。異国から来た神（仏）もいれば、現人神《あらひとがみ》と呼ばれた天皇もいます。しかしその中でも、怨霊を鎮める御霊信仰は最大限尊重されるべきだというのが、この国の人々の基本の考えなのです。

西洋文明の基礎にはギリシャ・ローマの文化と、それ以後に発生したキリスト教文化があると言われていますが、日本ではこの「ギリシャ・ローマ」に当たるのが「御霊信仰」で、「キリスト教」に当たるのが仏教だとも言えましょう。

また、ある意味では、日本史はコトダマイズムとリアリズムが、時や状況に応じて対立してきた歴史、と言えるかもしれません。

古代からこの国に存在した言霊信仰がピークに達したと思われるのは平安時代ですが、その後の時代も日本の歴史を完全に主導してきたとは言えません。

現実を直視し、それに具体的対応を施《ほどこ》すリアリズムが、勢力を持った時もありました。武士が事実上の政権を取り、法を整備して事に当たった鎌倉時代、武力の優劣が問題解決の唯一の手段だった戦国時代、国力を上げて列強と肩を並べる近代国家に一日でも早くのし上がろうとした明治時代などは、リアリズムの思考を優先させた時代だと言えそうです。

たとえば日露戦争――。「ロシアの極東侵略は異常に早まっている。いずれ日本との衝突は必至である」との認識を国民全般が持ったのは日清戦争後ですが、海軍は日露彼我《ひが》の差を冷静に計算し、日清戦争終了の翌年（明治二十九年）からの十カ年計画で、三笠以下戦艦四隻の他、装甲巡洋艦六隻、二、三等巡洋艦六隻といった対露海軍力の増強を計画的に実現しました。それらを使いこなせる軍人の練度も計算に入れて、日露開戦の日が決定されたのです。

昭和十年代の軍事国家・日本とは大きな違いがここにあり、残念ながら近代国家日本を切り拓《ひら》いた明治人のリアリズム精神は長くは持たなかった印象を受けます。まるで別の国のようだと言うのは簡単ですが、明治期に一時的に影を潜めていた言霊信仰がまだぞろ甦ったのが、昭和十年代の日本であったかと思われます。

古くは鎌倉時代――。この時も言霊信仰はやや影を薄くした時代であったかと思われますが、ある種の日本人には通奏低音として意識の底深くに営々と言霊信仰が流れていた事例を一つ挙げておきます。

二度にわたって日本を襲った元の襲来を退けられたのは、冷静に考えれば次の三点によります。

①元軍の主体がモンゴル騎兵ではなく「多国籍」の歩兵だったこと
②鎌倉武士が奮戦してよく防いだこと
③これらの人為的原因に加えて「神風」と呼ばれた偶発的な要素が加わったこと

「神風」が吹いた（台風が来た）ということから、京の貴族の間で「日本は神国だ」という非科学的な信念が固まります。強大な敵を撃退したという爽快感を味わったがためです。

古来、この国にあった「日本は神国である」という概念は、元寇以後、これに「日本は世界唯一の優れた国である」という考えが加味されていきます。「日本は群を抜いて優れた国である」とされたのです。世界最大最強の大国を結果的には打ち破ったのですから、飛躍してそう考えてしまっても不思議はありません。

そもそも彼ら貴族たちは、元来が言霊を信じるコトダマイストです。加えて、自分たちから政権を奪った武士たちを、ケガレに満ちたものとして憎んでいました。

源氏に代表される武士は、怨霊を怖れない、新しいタイプの人たちでした。**「武士に怨霊なし」という言葉があります。リアリズムに徹した人生観を持つ武士たちに、怨霊を怖れる道理はありません。殺す殺されるは、武士のならいです。**相手を殺すたびに怨霊を怖れていたのでは、とてもではないが武士など務まるはずがありません。

貴族らは、元寇における鎌倉武士の功績を一切認めず、顕彰しようとはしませんでした。世界のどんな国でも、異民族の侵略を防いだ英雄には国王（国の支配者）から褒賞が贈られるものですが、武士団を指揮した時の執権・北条時宗《ほうじょうときむね》は朝廷から何も貰ってはいず、一度たりとも英雄として賞賛されてはいません。時宗が日本史の中で認められるようになったのは、幕末になって頼山陽《らいさんよう》が『日本外史』で取り上げてからのことです。

なぜ元寇に勝利したのか。この問いに対する貴族たちの答えは「言霊のおかげである」というものです。一例を挙げれば、**亀山上皇が博多の筥崎宮《はこさきぐう》に「敵国降伏」の額を奉納したことで勝因を得た、と信じたのです。**

言霊の世界では「言えば実現する」わけですから、「敵国が降伏する」と言えばそのことが実現します。ましてや神の子孫である天皇家の頂点に立つ人物がその実現を神に頼んで祈ったとすれば、実現性の確率は言うまでもなく高まります。言霊を信奉する貴族たちは、「やはり自分たちの考えは正しかったのだ」と、元の敗退を目にして確信したはずです。

もしあの時、日本国中が元軍の手で散々に蹂躙《じゅうりん》されていたら、たとえ最終的には勝ったとしても、強固な言霊主義者の数は減ったかもしれません。しかし当時の人々にとって「神の加護」としか思えない形で戦争のケリがついてしまったので、言霊の呪縛はより強固な形で生き続けることとなりました。

ところで、「敵国降伏」の額を神に奉納して祈るのと、「世界平和を実現しよう」とのプラカードを掲げて行進するのとは、一見「右」と「左」との大きな違いがあるようにも思われますが、「言霊に頼る」ということで言えば同じ行動様式であることにお気づきでしょうか。「具体的・現実的なことを何一つせずに、ただ祈る」という点で、言い換えれば言霊に頼るという点で、同じなのです。

「敵国降伏」といかに祈ろうと、現実には敵は大軍をもって上陸してくるのですから、それを防ぐには兵を配備するなり防塁を造るなり、具体的な対応をしなければ敵は「降伏」してくれないはずです。また、いくら「世界平和の実現」とプラカードに書いても、現実には紛争中の国が世界中にあるのですから、たとえばＰＫＯや相互防衛条約の締結などの行動を起こさない限り、平和が「実現」されることはありません。

平和平和と唱えれば世界は平和になるというのは、言うなれば言霊主義であり、現実主義（リアリズム）ではないということです。

司馬遼太郎は晩年盛んに「戦前の日本（あるいは軍部）にはリアリズムがない」と言っていましたが、それは、リアリズムのある軍隊なら太平洋戦争のようなどう見ても勝算のない戦いはしないはずだ、という思いからでした。戦後はその反省の上に立って国民はリアリズムに目覚めたはずだったのですが、言霊が支配するこの国ではどうも違っていたようです。


戦前は「言霊的軍国主義」、戦後は「言霊的平和主義」と呼べるかと思われます。


日本にリアリズムがなかった、ということはありません。

元寇は鎌倉武士にとっては軍事的（現実的）勝利でしたが、平安貴族にとっては「祈り」が天に通じた言霊的勝利だったことを忘れてはいけません。元寇の国家的危機の時代、日本はまさにコトダマイズム（祈り）とリアリズム（現実主義）の分担が行なわれていたといえます。

元寇の勝利で、武士に政権を奪われて自信喪失の状態にあった朝廷や公家は、言霊信仰は正しかったのだと自信を深めました。彼らにとってみれば、日本を外敵の手から守ったのは鎌倉武士（という軍事力＝リアリズムの力）ではなく、あくまで自分たちの「勝利への祈り」でした。

戦後八十年に及ぼうとする平和は、「平和、平和」とただ唱えたから叶えられたとするのは、この国の根底に今も根を張っている平安貴族の言霊の世界観と通底しているのだと思わざるをえません。

リアリズムと言霊信仰の相克は、日本国内においても同じ時代の中でたびたびあり、国としての統一感を欠いたことも多々ありました。

戦前の海軍と陸軍の違いがその一例でしょう。二つの軍を比較したとき、まず気づくのは「リアリズムの有無」です。現実認識の違い、と言い換えてもいいのですが、海軍にはリアリズムがあっても、陸軍にはありませんでした。

軍隊は、基本的には武器が優秀な方が勝ちます。武器が敵味方同水準であれば、兵の練度、闘志、技量が勝敗を分けることもあるでしょうが、帝国陸軍は自前の戦車が敵のそれと比べてとても戦車とは呼べない代物《しろもの》であっても「戦車対戦車」の作戦を立てて敗北を繰り返しました。「勝てる」と思えば（言えば）勝てる、としたのです。自身が戦車隊に所属していた司馬遼太郎は、こう書いています。

もし三等巡洋艦の艦長が逆上して戦艦と戦うとすれば必ず負ける。国家に損害を与える。海軍という分野の思考法はこの論理の上に成立しており、この論理から外れることは許されない。（中略）ところが陸軍は戦車というものを所有した当初からこの論理的兵器に対して論理的戦術をもたず、論理的思考法ももたなかった。信じられないようなことだが、陸軍にあっては「戦車は戦車である以上、敵の戦車と等質である。防衛力も攻撃力もおなじである」とされ、このふしぎな仮定に対し、参謀本部の総長といえども疑問をいだかなかった。現場の部隊でも同様であり、この子供でもわかる単純なことに疑問をいだくことは、暗黙の禁忌であった。戦車戦術の本も実際の運用も、そういうフィクションの上に成立していたのである。

（『歴史と視点──私の雑記帖──』新潮文庫）

リアリズムに重点を置いていた海軍が言霊信仰から完全に脱却していなかったのは、山本五十六連合艦隊司令長官ですら、「アメリカとやれば負ける」と明言していなかったことでも分かるのですが、陸軍ほど酷くなかったのは確かでしょう。

「言えばそれが起こる」言霊社会では「負ける」と言えば負けますので、冷静に日米の彼我の差を認識できていた長官といえども口には出せなかったはずです。負けると言えば、言霊に支配された当時の社会では非国民扱いをされ、命すらも狙われることは大いにありえたことと思われます。

リアリズムと距離を置いた怨霊信仰の弊害について、戦前を例にとってもう一つ述べておきます。

「満州行進曲」(作詞・大江素天　作曲・堀内敬三)という流行歌がありました。昭和6年に起きた満洲事変に呼応して、翌年発売された軍事歌謡曲です。朝日新聞が「満洲を守ろう」という大キャンペーンを張り、その際に広く読者に歌詞を公募しました。

結局、作詞者は朝日新聞の記者となりましたが、その歌の6番目にこうあります。

「東洋平和のためならば　我らがいのち捨つるとも　なにか惜しまん日本の生命線はここにあり　九千万のはらからと　ともに守らん満州を」。

歌詞全体を貫いているのは、「満洲という素晴らしい国家のために日清・日露戦争で倒れた多くの日本人の死を無駄にしてはならない。そのためにも満洲は日本の生命線として守るべきだ」という思いです。

この歌に籠められた、「英霊に申し訳ないから撤退はできない」との思いに人々は感動して、日清・日露の両戦争で、今ある満洲国のために倒れた十数万人の兵士たちを偲びました。

ここにおいて、私は戦前の日本での英霊と怨霊は同じ意味合いで捉えられていたのではないか、と考えています。

もし中国から撤兵し、最悪の事態として満洲を放棄することになったら、英霊たちは「怨霊」となってしまうのではないかと、怖れたのではないでしょうか。

その思いに裏づけられて、「大日本帝国がここまでくるのに、何人の日本人が死んだと思っているのか。彼らの犠牲の上で成し遂げられた現在の国益は絶対手放してはいけない」という、圧倒的な世論が国中を支配していったのではないでしょうか。

英霊の死を無駄にしてはならないという考えは、その時点での国際情勢を冷静に判断し、本当の国益のために正しく対処することとはほど遠いもので、リアリズムに裏打ちされた考えとは思えません。

昭和十年代の日本は、リアリズムが後退し、怨霊信仰・言霊信仰がまたぞろ頭をもたげてきた時代だった、と言えます。その行きついた先が何であったかは、すべての日本人が知っていることです。

私は本書の基《もと》となった、三十年以上前に出した『言霊』（祥伝社刊）で、言霊の弊害としての「差別語狩り」について言及し、今日ようやくこの悪習は鎮火の兆しを見ることができたと思っていますが、言霊の呪縛は日本社会から消えてなくなったわけではなく、脈々と続いて国民の意識を支配していることに、不安な気持ちを覚えています。

原発問題一つとっても、原発事故が起きた場合を想定しなければならないのに、「そんなことを口にしたら、お前は事故が起きると思っているのか」と地元住民に突き上げられるとか、再稼働の認可について第三者委員会においても仮定の話をしたら「そうなってしまう」のでしずらいとか、さまざまな「言霊の壁」が立ち塞《ふさ》がっています。まさに、「言霊は生きている」といった状態は、今なお継続しているのです。

あとがきに代えて

まえがきに引き続いて、朝日新聞と私の「抗争」(笑)の話です。

２０２５年の現在にかけて、世界平和に対する最も不安な要素というのは中東の問題もあるが、やはり中国の覇権主義でしょう。中国は明らかに世界一の軍事大国となり、世界の国々を自国の膝下《しっか》にひざまずかせようとしています。このことについて異論があるという人は現在一人もいない、と言っても過言ではないでしょう。もちろん日本人も例外ではありません。しかし昔はそうでもなかったどころか、話は逆でした。

昔といっても、そんな昔ではありません。今から20年前の、２００５年以降の話です。当時、中国は先進国の仲間入りをするために、そして中国自身の主張では「世界平和に貢献する」ために、北京で夏季オリンピック大会を開きたい、と宣言していました。しかし私は２００６年頃から、２００８年に予定されていた北京オリンピックを世界はボイコットすべきだ、と主張しました。それは歴史家としての分析によるものです。

アドルフ・ヒトラーの率いるナチスドイツがどれだけ世界に害毒をもたらしたか、ホロコースト（ユダヤ人大虐殺）もさることながら、第2次世界大戦の引き金を引いたのは明らかにドイツです。

その張本人がアドルフ・ヒトラーであることを否定する人間はいないでしょう。ではここで、あなたは疑問に思いませんか、なぜヒトラーはあんなことが実行できたのか、と。その実行について絶対に必要なことはドイツ国民の絶対的な支持です。では、なぜドイツ国民がヒトラーを絶対的に支持するようになったかといえば、ナチス政権時代のドイツがヒトラーの積極的な行動によってベルリンオリンピックを開催し、大成功させたからなのです。

おそらくこの記録は今後も破られることはないでしょうが、この大会でドイツは金メダル獲得数でライバルのアメリカに圧勝し、金銀銅すべてを含んだメダル獲得数でも第1位となりました。注意すべきは、ヒトラー以前のドイツは第1次世界大戦に敗北して経済はどん底で、国が滅びる寸前まで言っていたことです。

ヒトラーはまずそれを見事に立て直し、オリンピックという「疑似戦争」でアメリカに圧勝したのです。第1次世界大戦の敗者であるドイツが戦勝国のアメリカに勝負を挑んで見事に勝った、ということです。この結果、国民は熱狂的にヒトラーを支持し、第2次世界大戦へ驀進して行ったのです。

実はヒトラーがオリンピックをやりたいといったときに、反対する勢力もなかったわけではありません。ヒトラーはすでにユダヤ民族に対する差別意識は公《おおやけ》にしており、それゆえ、こんな人間にオリンピックをやらせるのは危険だと、歯止めをかけようとした人もいました。

ところが当時の世界は今の日本と同じで、「オリンピックは平和の祭典であり、それを挙行することはその国の平和と世界の平和につながる」という、私に言わせれば「バカな迷信」を信じていたために、結局開催を認めてしまったのです。

たしかに、オリンピックには平和推進効果はあるかもしれない。しかしそれは開催国が完全な民主主義国家で人種差別などまったく行なっていないことが条件です。そうでない国家に開催を認めて成功してしまえば、その国に妙な自信を与えてしまい、独裁権力の強化や人種差別の激化につながるという、いわば「世界史の法則」が示されたのです。

ところが数十年経っただけで、人類はその教訓を忘れてしまいました。そういう時に歴史の法則を指摘して危険を警告するのが歴史家の使命だと、私は信じています。

だから私は「北京オリンピックはボイコットすべきだ」と主張しました。具体的には、まえがきで紹介した「SAPIO《サピオ》」に何度もその趣旨で寄稿しました。ところが、それが気に入らなかったメディアがありました。いうまでもなく朝日新聞です。

朝日新聞社発行の「AERA」2007年9月10日号に「中国嫌いの本心」という記事が掲載されました。タイトルを見ただけでもう内容はお分かりでしょうが、念のために紹介しましょう。

「一部雑誌の表紙には『北京五輪をボイコットせよ』『危ない中国人観光客』などの活字が躍る。いつの間にか中国の毒は食品の安全に止まらず中国全体に対する嫌悪に形を変え噴出している」

また、これは昔から朝日新聞がよく使う「手口」で、私は「偏《かたよ》りコメンテーター」と呼んでいますが、自社の主張に賛成するコメンテーターの言葉だけを大きく取り上げるものです。

この記事から実例を挙げれば「日本人の態度が今の嫌中ムードを作り上げている気がする。だから実体はないんです」（内田樹《たつる》神戸女学院大教務部長）、「特に最近、危惧を覚えるのは、日本の一部の人が偏った情報をもとに中国を色眼鏡で見ていることです」（呂淑雲駐日中国大使館公使参事官）（肩書は当時）」。

この問題は中国人に対する「好き嫌い」の問題ではありません。好き嫌いというのは感情の問題であって、少なくとも私は歴史家として過去の事例を分析し、歴史の法則から危険を警告したのに、この記事はそれを「一部のバカな中国嫌いが偏見を持って（つまり根拠なく）中国を非難している」と貶《おとし》めたのです。これも朝日新聞の有力な「手口」で一見公平で客観的な文章を装いながら、読後は読者に「世の中にはとんでもないバカがいるな」と思わせる手法です。

これもひとつ実例を挙げておきます。朝日新聞夕刊の名物コラム「素粒子」（1998年9月5日付け）です。こうあります。

【打ち上げたのは、兵器ではなく、人工衛星だったというまことに結構だ（だったら早く言え！）

本当だったらいい教訓だ。精密を誇る米国の偵察システムは一度の恥、日本の防衛庁などは、二重三重に恥をかく　それもまた結構

ただ「将軍の歌」とか流さないでもっと気の利いた歌を流したら。例えば山本リンダの「困っちゃうな」とか、ベルディの「行け　わが思いよ、金色の翼に乗って」とか】

今でこそ北朝鮮が日本に向かってミサイル実験をしているというのは「事実」になりましたが、どんなことでもいきなり成功するわけではなく、試行錯誤があります。

この記事はまだ北朝鮮のミサイルが初期段階にあったときに、日本の防衛庁（当時）やアメリカの国務省が詳細な「分析」に基づき、危険な兵器開発であると「報告（警告）」したのに対し、（それを絶対認めたくない）朝日新聞が、北朝鮮は「平和目的の人工衛星打ち上げ」と言ってるじゃないか、と批判しているものです。

お読みになればおわかりのように防衛庁や国務省をバカの集まりのように批判している。確かなデータに基づいて分析した結果を、北朝鮮がそれを平和目的だと言っていることを、ただ一つの理由にして批判しています。これは本来公正客観であるべき新聞記事を「悪質

な言葉の凶器」（笑）にしている、ということなのです。

素粒子といえば夕刊の名物コラムで、朝日新聞の中ではエリート中のエリートが書くということはお分かりでしょう。つまりこれが朝日なのです。「ＡＥＲＡ」も単なる雑誌ではなく、「Ａｓａｈｉ　Ｓｈｉｎｂｕｎ　Ｅｘｔｒａ　Ｒｅｐｏｒｔ　ａｎｄ　Ａｎａｌｙｓｉｓ（朝日新聞の特別なレポートと分析）」であるはずなのですが、実際には詳細なデータに基づき客観的に結論を下した防衛庁や国務省あるいは私に対して、データ分析で反論するどころか一方的に貶めています。

こういう文章をかける記者が出世するというわけでしょう。この「凶器」で北京オリンピックボイコットを主張する私を「バカ」扱いした記事は、大波綾、河野正一郎というふたりの記者の署名記事です。「殴られたほうはいつまでも覚えているが、殴ったほうはケロリと忘れてしまう」という言葉があるように、たぶんこのふたりはそんなことを忘れてしまったでしょう。忘れていなければ謝罪があるはずですが、素粒子の筆者が防衛庁や国務省の担当官に謝ったという話も寡聞《かぶん》にも聞きませんし、そもそも私に「悪質な言葉の凶器」というレッテルを貼ったことも訂正すらしていないのですから、朝日新聞にそれを期待しても無理かもしれません。

しかし、それならなぜ朝日新聞はたとえば国家に対し「謝罪しろ」とか「国家犯罪に時効はない」などと言えるのでしょうか。ダブルスタンダードは人間として最低だということをご存じないのかもしれません。お気づきのように実は彼らには罪悪感というものがまったくないのです。

ではなぜそうなるのかといえば、朝日新聞が「言霊新聞」だからです。言霊を信仰する世界（＝日本）では「北朝鮮も中国も平和国家である」と言い続ければ「そうなる」、だからそれに反することはどんな汚い手段を使っても叩き潰すのが正義だということになります。

おわかりでしょう、朝日新聞にとって正確な報道ということはまったく問題ではなく、言霊信仰にどれだけ忠実かというのが問題なのです。だから相次ぐ誤報をやっても、「誤報を信じたい読者」がいるから、こんな新聞がまだ300万部以上も売れている。朝日新聞の発行部数は、いわば日本人がどれだけ言霊信仰の信者であるかというバロメーターにもなります。

確実に言えるのはこの数字が限りなくゼロに近づかない限り、日本人は現実に基づいた理性的合理的な考え方ができない、ということです。

最後に一つだけ付け加えたいことがあります。

私が最初にこの本の原著である『言霊』を書いたときは、言霊のマイナス面だけに気を取られていました。自分の国の歴史も、その伝統的な宗教である言霊信仰も知らず、ただ言霊に振り回され支配されている知識人やマスコミに対しても、怒りを覚えていました。

その結果、著作の内容は徹底的な言言霊批判の本になってしまいました。その内容を撤回するつもりはありません。

しかし、さらに歴史家として深く日本史を分析していくうちに、人間は「神」、つまり完全無欠な絶対的なプラスの存在ではなく、逆にまったくのマイナスの存在でもないことに、今更ながら気づきました。人間世界の事象というのは、必ずプラスもあればマイナスもある。ただ、その割合がそれぞれ異なるだけだ、ということです。それなら言霊にも当然プラス面があるはずですね。あります。それはいったい何でしょうか？

『万葉集』という歌集のことは、ご存じでしょう。奈良時代に成立したさまざまな人々の歌を収録した詞華集（アンソロジー）です。まとめたのは大伴家持《おおとものやかもち》とも言われます。収録歌数は４５００首あまりで、特筆すべきは都だけではなく全国各地から、しかも天皇、貴族だけでなく、下級役人は言うに及ばず農民や防人、つまり国境最前線の兵士の歌まで載っていることです。

日本の歴史教育はなってないので、日本人の多くがまったく気が付いていませんが、これこそ言霊のもたらす日本文化の最大の美点であり、日本人が大いに誇りにしていい素晴らしい文化なのです。

このことを文明史家の渡部昇一《わたなべしょういち》氏は「和歌の前の平等」と呼びました。これは日本史を語る上での最大の名言と言っていいでしょう。

まず考えてください。『万葉集』が完成したのが8世紀ですから、天皇から最下層の農民まで短歌という「同じ土俵で歌を詠む」という伝統は、それ以前からあるということです。日本以上に古い文明と言えばギリシャやローマ、あるいは中国あたりが浮かぶでしょうが、こうした大文明圏にも「歌の前の平等」などはまったくありません。大文明圏はどこも完全な身分社会で、広い意味での「詩歌」は王侯貴族か突出した天才のもので、それらの歌を集めたアンソロジーは昔からありますが、万葉集のような「平等歌集」は一つもありません。

だから、そんな「平等歌集」が日本で可能だったと、外国人は信じないのです。だが、それは確かに実在しました。「万《よろず》の葉（言の葉＝和歌）を集めた」といわれる『万葉集』は世界文化史上の奇跡と言っても良い存在なのです。

この「和歌の前の平等」の伝統はこの21世紀にも生きています。毎年正月、宮中（天皇御所）で催《もよお》される歌会始《うたかいはじめ》というセレモニーがその象徴です。歌会とは複数の人間が集まって歌を詠み合う集まりですが、毎年それを最初に催すのを歌会始といい、鎌倉時代から宮中の正式行事として定着しました。そして江戸時代は毎年催され、明治維新後も明治天皇により続けられました。明治天皇は初めて洋服をお召しになった天皇ですが西洋近代化の荒波の中で、残すべきものは残す、と考えられたのでしょう。

明治は「天皇の前の平等」という日本型民主主義の始まりの時代でもあったのですが、その流れを受けて前年暮れに天皇が出される「お題」に沿った歌を、国民すべてが詠進《えいしん》できるようになりました。現代風に言えば、一般国民から公募された歌も秀作として選ばれれば、宮中で披露されるようになったのです。

そして昭和20年（1945）大日本帝国は崩壊しましたが、この伝統はさらに強化されました。公募で選ばれた国民（いや外国人も）は御所に招かれ、天皇皇后両陛下に拝謁し、共に歌を詠《えい》じることができるようになりました。テレビ中継も許可され、歌会始への国民参加が促進されることにもなりました。

世界に王室をいただく国は少なからずありますが、歌会始のような国民も参加できる文化的宮中行事があるのは、日本だけでしょう。それもこれも、強固な言霊信仰がもたらした「和歌の前の平等」のおかげです。

政治や軍事の面ではさまざまな厄介《やっかい》な問題を引き起こす言霊ですが、文化の面ではこんな素晴らしい伝統を作ることもできたのです。この文化はずっと守っていくべきだと、今私は考えています。

「悪質な言葉の凶器」こと井沢元彦

井沢元彦（いざわ　もとひこ）
1954年、名古屋市生まれ。早稲田大学法学部卒業後、TBSに入社。報道局在職中の80年に、『猿丸幻視行』で第26回江戸川乱歩賞を受賞。退社後、執筆活動に専念。独自の歴史観からテーマに斬り込む作品で多くのファンをつかむ。著書は『逆説の日本史』シリーズ（小学館）、『英傑の日本史』シリーズ（KADOKAWA）、『真・日本の歴史』（幻冬舎）など多数。

言霊《ことだま》の日本史《にほんし》

2025年2月26日　初版発行

著　者　井沢元彦

発行者　鈴木 隆一

発行所　ワック株式会社
東京都千代田区五番町4-5　五番町コスモビル　〒102-0076
電話　03-5226-7622
http://web-wac.co.jp/

印刷製本　大日本印刷株式会社

ISBN978-4-89831-918-5